Gut verstaut
Schön versteckt

Gut verstaut Schön versteckt

Stauraumideen von der Schachtel bis zum Schrank

Joanna Copestick & Meryl Lloyd

Fotografien von **Andrew Wood**

nicolai

Titel der Originalausgabe: Smart Storage
©1998 der englischen Originalausgabe:
Ryland Peters & Small
Cavendish House
51–55 Mortimer Street
London W1N 7TD

©1998 Text: Joanna Copestick und Meryl Lloyd
©1998 Design und Fotografie: Ryland Peters & Small

©1999 der deutschsprachigen Ausgabe: Nicolaische
Verlagsbuchhandlung Beuermann GmbH, Berlin
Alle deutschsprachigen Rechte vorbehalten

Aus dem Englischen von Tanja Keil

Redaktion und Satz der deutschsprachigen Ausgabe:
Erika Eva Schmitz und Nicole Hardegen, Köln

Druck: Toppan Printing Co., China

ISBN: 3-87584-802-0

Titelbild:	Ian Bartletts und Christine Walshs Haus in London
Umschlagrückseite:	Dawna und Jerry Walters Haus in London (links und oben rechts); Paula Prykes Haus in London (Mitte rechts); Rosa Deans und Ed Baden-Powells Appartement in London (unten rechts)
Umschlagklappe vorne:	Rosa Deans und Ed Baden-Powells Appartement in London

Inhalt

Einleitung 6

Way of Life 8

Platz schaffen 16

Stauraum nach Maß 22

    Wohnzimmer 24

    Küche 46

    Das Büro zu Hause 74

    Schlafzimmer 88

    Badezimmer 108

Adressen 124

Bildnachweis 126

Danksagung 128

Einleitung

Es gab Zeiten, da war es schwer, sich für das Thema Stauraum zu begeistern. Doch das hat sich inzwischen geändert, denn Platz wird angesichts der rasanten Zunahme an persönlichem Besitz und technischem Equipment immer kostbarer. Stauraum ist heutzutage einer der wichtigsten Faktoren bei der Planung des eigenen Heims. Einige Haus- und Wohnungsbesitzer sehen es als eine geradezu heilige Aufgabe an, Mobiliar und Gegenstände funktional und übersichtlich zu plazieren. Was einst schlichte Notwendigkeit war, ist nun eine kreative Aufgabe, eine Herausforderung, der man sich stellen muß.

Die Frage des Stauraums bildet einen guten Ausgangspunkt, wenn Sie Ihre Wohnung oder Ihr Haus von Grund auf planen wollen. Geht man von dem vorhandenen Besitz und den zu erwartenden Anschaffungen aus, läßt sich sehr gut feststellen, welche Bedürfnisse in bezug auf Raum, Licht und Mobiliar tatsächlich bestehen. Für ein optimales Raumkonzept muß auch die eigene Persönlichkeit berücksichtigt werden. Wer dazu tendiert, seine Sachen einfach irgendwo hinzulegen, kann von einer disziplinierenden Struktur profitieren. Eigens gekennzeichnete Plätze für alle Gegenstände beispielsweise kommen einer nachlässigen Natur entgegen. Ein ordentlicherer Mensch jedoch wird seine Sachen ganz von selbst dort ablegen, wo sie hingehören.

In dem Maße, in dem sich Besitztümer, Technologien und Informationen mehren, wächst das Bedürfnis nach einem überschaubaren Zuhause als einem Ort der Ruhe und Erholung. Die Organisation des Privatlebens ist ein wichtiger Faktor, wenn es darum geht, den Leistungsanforderungen, dem Zeitdruck und der Hektik gewachsen zu sein, die durch verbesserte Kommunikations- und Reisemöglichkeiten in unseren Alltag getreten sind. Warum sich durch einen Stapel alter Zeitungen wühlen, nur um einen Haufen unbezahlter Rechnungen zu finden? Sinnvolle Aufbewahrung hilft, Durcheinander und Streß zu vermeiden. Denn eines ist sicher: Das Leben ist zu kurz für Chaos!

Way of Life

Das moderne Leben erfordert so viel Zeit, Geld und Raum, daß Stauraum angesichts der wachsenden Notwendigkeit, mehr und mehr Besitz unterzubringen, zu einem Schlüsselwort geworden ist. Gute Aufbewahrungssysteme gelten als eine Möglichkeit, die Lebensqualität zu verbessern, denn sie helfen uns, Zeit zu sparen.

Seinen Bedarf an Stauraum auszuloten heißt, sich darüber klar zu werden, wie man lebt, wie man leben will und wie man, realistisch betrachtet, leben kann. Während eine funktionell eingerichtete Küche für all jene das Richtige ist, die gerne den Überblick behalten, macht es keinen Sinn, einem chaotischen Menschen eine bestimmte Ordnung aufzuzwingen. Falls Sie jedoch das Gefühl haben, ständig auf der Suche nach verlegten Gegenständen zu sein, ist es vielleicht an der Zeit, für Abhilfe zu sorgen und das Leben einfacher zu gestalten.

Way of Life

Bevor Sie sich an die Planung des Stauraums machen, sollten Sie zunächst den eigenen Lebensstil und Alltag genau betrachten. Ein begeisterter Hobbygärtner zum Beispiel besitzt mit Sicherheit viele Gartengeräte, dagegen sammeln sich in einem Haushalt mit Kindern Berge von Spielzeug an. Wissen Sie, was verstaut werden muß, sollten Sie darüber nachdenken, wo Sie es am besten hinpacken. Muß alles stets in Reichweite sein, oder kann einiges auch in schwer zugänglichen Schränken oder außerhalb des Hauses aufbewahrt werden? Wenn man jede Ecke sinnvoll nutzt, bleibt genug Raum, um sich zu entspannen.

Werfen Sie einen kritischen Blick auf den vorhandenen Stauraum, und entscheiden Sie, ob er ausreicht oder ob strukturelle Veränderungen oder gar neue Möbelstücke notwendig sind, um alles unterzubringen. Vielleicht kann man zwei Räume zu einem verbinden und dann eine ganze Wand für Schränke reservieren. Die Wahl zwischen freistehenden Möbeln und Einbauelementen

Unten links Die Garderobe im Industriedesign erreicht man durch eine Glastür. Bürocontainer dienen als Aufbewahrungsmöglichkeit für Handschuhe und Schals sowie als Ablage.

Oben rechts Eine Kiste in Form einer riesigen Hutschachtel verbirgt Kleinkram und fungiert gleichzeitig als Nachttisch.

Mitte rechts Schubladen mit Glasfront wirken gepflegt und sauber. Sie sind sehr benutzerfreundlich, da ihr Inhalt stets gut sichtbar ist.

Unten rechts Dieser Schrank hat viel erlebt. Möbel mit verwitterten Oberflächen sind oft reizvoller als glatte, neue Stücke, in denen man nur ungern Gerümpel verstaut.

S. 11 oben links Regale, in denen Spielzeug und Bücher griffbereit aufbewahrt sind, akzentuieren eine Ecke des Raums.

S. 11 Mitte links Die indische Truhe ist ein gutes Beispiel dafür, daß Stauraum nicht als solcher zu erkennen sein muß. Durch die kunstvollen Schnitzereien und die abblätternde Farbe ist das Möbelstück ebenso dekorativ wie praktisch.

S. 11 unten links Die weißen Schuhkartons passen gut in die extra angefertigten Regale.

S. 11 rechts Körbe sind vielseitige Behälter für alles mögliche – von Bürokram bis zu Spielsachen und Zeitschriften.

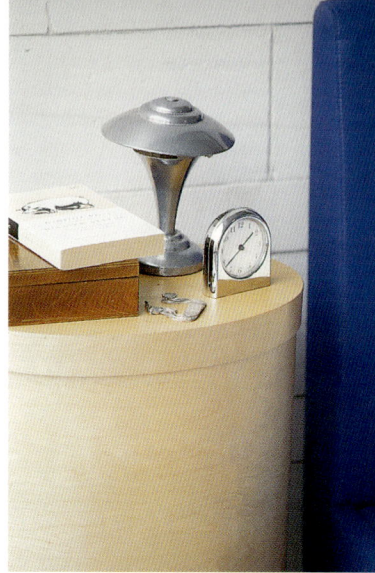

Way of Life

Way of Life

Diese Seite **Die strenge Ordnung in diesem Arbeitszimmer läßt sich auf seine klaren Linien zurückführen. Selbst die Stereoanlage und der Fernseher fügen sich unauffällig in die Schrankwand mit ihren Schubladen und Regalbrettern ein.**

Oben **Küchen werden am besten als rechtwinklige Aktionsflächen angelegt. So vermitteln sie den Eindruck von Ordnung und Ruhe.**

Mitte **Eine Kommode mit Fächern, Etageren und Schubladen beweist, daß Ordnung Spaß machen kann.**

Unten **Alte Koffer bieten gute Aufbewahrungsmöglichkeiten für weniger attraktive Alltagsgegenstände.**

Ganz rechts **Ein überdimensionaler Spiegel bildet in einem großen weißen Flur den idealen Mittelpunkt.**

Way of Life

hängt vom verfügbaren Platz ab, doch im allgemeinen nehmen letztere weniger Raum ein und sind, besonders in Küchen, effektiver als separate Schränke.

Wie unordentlich jemand auch sein mag, es ist unerläßlich, den Inhalt aller Räume einmal systematisch durchzugehen. Dabei erleichtert es die Arbeit, wenn man sich ein Zeitlimit setzt und sich nur auf eine Schublade, einen Schrank oder einen Raum beschränkt. Oft wird der Entschluß, einen Haufen Gerümpel zu entsorgen, dadurch zunichte gemacht, daß man sich auf alte Tagebücher oder Fotos stürzt. Sortieren Sie ihre Habseligkeiten in Stapel, und halten Sie Ihre Emotionen so lange in Schach, bis Sie einen guten Stapel von Dingen vor sich haben, den Sie mit dem Etikett ›Raus‹ versehen können – raus aus dem Schrank, raus aus Ihrem Leben. Auf diese Weise gewinnen Sie Platz für anderes.

Way of Life

Links Bewahren Sie Sammlungen von Gegenständen so auf, daß die jeweiligen Besonderheiten betont werden. Diese hübschen alten Schuhe stehen in geradezu witziger Regelmäßigkeit nebeneinander.

Unten Durchsichtige Behälter müssen nicht unbedingt fein säuberlich aufgeräumt sein.

S. 15 oben links Hier wurde der Platz um die Türe herum optimal genutzt.

S. 15 unten links Verwitterte Schränke mit vielen Fächern bieten dem Sammler von Muscheln, Kassetten oder Briefmarken viel Platz.

S. 15 rechts In einem Badezimmer mit zwei Waschbecken und großen Schränken wird es nie zu Streit kommen.

Way of Life

Sortieren Sie ausrangierte Kleidung, altes Porzellan und alte Möbel danach, ob sie zu einem Hilfswerk, zum Recycling oder in den Müll kommen sollen. Flohmärkte sind ebenfalls eine gute Möglichkeit, Überflüssiges loszuwerden.

Häufen Sie an einer anderen Stelle die Dinge an, die Sie behalten wollen, aber die nicht unbedingt in Schränken oder Schubladen herumliegen müssen: Fotos, Briefe, Zeitungsartikel, Winterkleidung und dergleichen. Kaufen Sie Schachteln, Körbe oder Ordner, und beschriften Sie alles, was auf dem Speicher, im Schuppen oder in der Garage aufbewahrt werden soll. Verstauen Sie die Dinge, die Sie behalten wollen, zusammen mit ähnlichen Objekten. Vermischt man zu viele verschiedene Dinge, findet man sie später nur schwer wieder. Übrigbleiben sollte nur das Notwendige und das Schöne: die Gegenstände, die griffbereit sein müssen, weil sie häufig benutzt werden, und jene, die präsentiert werden sollen – sei es an der Wand, in Regalen oder freistehend.

Platz
schaffen

Veränderungen an der Struktur eines Hauses oder einer Wohnung führen oft zu überraschenden Resultaten. Reißt man zum Beispiel eine Zwischendecke heraus und macht auf diese Weise aus zwei niedrigen Zimmern einen hohen, luftigen Raum, entsteht zusätzliche Wandfläche für Einbauschränke, Regale oder Bilder. Durchbricht man eine Wand und verbindet zwei kleine Räume zu einem großen, ist dieser meist viel heller. Und wer sein Dach geschickt ausbaut, das heißt Fenster und Schränke optimal positioniert, gewinnt oft in einem Maße Platz, wie er es nie für möglich gehalten hätte. Das Geheimnis liegt darin, nach den weniger offensichtlichen Lösungen Ausschau zu halten. Betrachten Sie Ihre Räume aus allen möglichen Perspektiven – so finden Sie immer bessere Wege, sie effizient zu nutzen.

Platz schaffen

Viele Aufbewahrungskonzepte haben ihren Ursprung in dem Wunsch nach Sachlichkeit und Funktionalität. Wer nach Ordnung strebt, meint leider oft, er müsse lange Reihen von Schränken aufstellen, um all seine persönlichen Dinge unterzubringen. Doch das stimmt nicht. Schon eine einzige Wand im Schlaf- oder Wohnzimmer mit deckenhohen, schlichten Schränken kann ausreichen, um die komplette Sammlung von Musik-CDs, das gesamte Video-Archiv und fünf Jahrgänge einer Zeitschrift aufzunehmen.

Eine Schrankwand, die das Gefühl von Übersichtlichkeit und Platz vermittelt und gleichzeitig ein Sammelsurium von alten Batterien, kaputtem Spielzeug und überflüssigen Steckdosen verbirgt, hat unbestreitbar etwas Attraktives. Sie ist auf jeden Fall genau das Richtige für all jene, die sich nach unberührten weißen Räumen ohne sichtbar aufgestellte Objekte sehnen. Der Wunsch, die Symmetrie zu erhalten, die durch die klaren Linien geschaffen wird, kann ein ausreichender Grund sein, Post, Bücher und Zeitungen wegzuräumen – er kann einen sogar dazu bewegen, den Inhalt der Schränke dauerhaft in Ordnung zu halten.

S. 18 Übersichtlichkeit vom Boden bis zur Decke ist das A und O des minimalistischen Einrichtungsstils. Je höher der Schrank, desto mehr paßt hinein.

Links Spüle und Nischenrückwand dieser kühlen, weißen Einbauküche sind mit Absicht in Schwarz gehalten. So können sich Stapel schmutziger Teller türmen und dabei ein visuell interessantes Szenario bilden.

Unten Eine einladende Reihe von Gläsern in einem sauberen, schmalen Unterschrank ist etwas, worauf man stolz sein kann. Auch die Fronten der Einbauschränke spiegeln einen ausgeprägten Sinn für Ordnung wider.

Platz schaffen

Platz schaffen

Es ist natürlich leichter, den Aspekt Stauraum bereits in einer frühen Phase der Planung oder des Umbaus einer Wohnung bzw. eines Hauses zu berücksichtigen, doch können Räume auch im nachhinein verändert werden. Eine Küche neu einzurichten eröffnet die Möglichkeit, sich von traditionellen Materialien und Strukturen zu lösen und die Sache kühner anzugehen. Die Verbindung von zwei Räumen beispielsweise gibt die Gelegenheit, eine ganze Wand völlig anders zu gestalten, indem man niedrige Schränke und Regale oder Stauraum bietende Podeste integriert.

Der Ausbau von Dach, Keller, Garage, Schuppen und Wintergarten sorgt für zusätzlichen Wohn- und Stauraum. In kleinen Zimmern läßt sich der Platz mit Hilfe von Schiebetüren, Klappbetten, Schränken mit integriertem Fernseher oder ausklappbarem Bügelbrett optimieren. Auch Schränke mit Falttüren, die Aufbewahrungselemente auf Rollen bergen, sind eine gute Alternative. Bei der Planung und Gestaltung sollte man sich von den kompakten Raumsystemen in Schiffen und Wohnwagen inspirieren lassen.

Links Wenn selbst der Backofen hinter einer Tür verschwindet, ist klar, daß hier ein Minimalist am Werk war. Die Botschaft ist eindeutig: In dieser Küche herrscht nichts als absolute Ordnung.

Diese Seite Schlichte Schränke verbergen Küchenzubehör, Unterhaltungselektronik und Sammlungen von Büchern und Klaviermusik, ohne daß man einen Hinweis auf die jeweilige Funktion eines Bereichs erhält.

Platz schaffen

Stauraum nach Maß

Eine geordnete Umgebung wirkt beruhigend. Wenn Sie dauernd Dinge suchen, sollten Sie sich Ihr Zuhause deshalb einmal Raum für Raum ansehen. Statt den Aspekt Aufbewahrung isoliert zu betrachten, werden die Räume einer Wohnung oder eines Hauses hier als ineinander übergehende Zonen verstanden, in denen Aktivität, Entspannung und Zugriff auf persönliche Dinge eine Abfolge von Alltagsrhythmen bilden – eine ganzheitliche Sicht. Achten Sie auf die natürlichen Wege, die die Dinge innerhalb der Wohnung nehmen, und finden Sie so die besten Plätze, um sie zu verstauen. Der Kreislauf der Kleidung zum Beispiel führt vom Schrank zum Wäschekorb und in die Waschmaschine. Einen praktischen Weg durch diese Stationen zu schaffen, ist genauso wichtig wie gut zugängliche Aufbewahrungsmöglichkeiten zu finden.

Entspannen und

das Leben genießen

Wohnzimmer

Stauraum nach Maß

Ein Wohnzimmer bedeutet für jeden etwas anderes. In manchen Häusern ist es der Raum, in dem sich die Familie versammelt, um zu entspannen, sich zu amüsieren und zu spielen. Bei anderen ist es ein eher offizieller Raum, in den Besucher geführt werden. Manchmal fungiert das Wohnzimmer gleichzeitig auch als Arbeits-, Eß- oder Spielzimmer. Überlegen Sie, wofür Sie den Raum hauptsächlich nutzen, welches Ihre Prioritäten sind, dann können Sie den Stauraum sinnvoll planen.

Für ein Zimmer, in dem man liest, sich entspannt oder Gäste empfängt, sind große, freistehende Schränke durchaus sinnvoll. Oft eignet sich ein charaktervolles altes Möbelstück wie eine antike Vitrine oder ein alter stählerner Schulspind besonders, um Kassetten, Videos, Unterhaltungselektronik oder einen Stapel ungeordneter Dinge zu verbergen. Viele Menschen bewahren zumindest einen Teil ihrer Bücher im Wohnzimmer auf, da es der Raum ist, in dem man am ehesten Muße zum Lesen findet. Sind keine Alkoven vorhanden, in die man Regale oder Schränke einbauen kann, sollte man eine ganze Wand oder einen Teil für eine Reihe tiefer, verdeckt angebrachter Regale vorsehen.

Nehmen Sie die bereits vorhandenen Aufbewahrungsmöglichkeiten einmal genauer unter die Lupe. Besitzen Sie vor allem einzelne freistehende Möbel, hat das den Vorteil, daß Sie diese je nach Bedarf und Geschmack umstellen können. Ob in der Küche, im Schlaf-, Wohn- oder Arbeitszimmer, Glasvitrinen, Sideboards, Kommoden und Regale machen sich überall gut. Außerdem kann man sie von einem Raum in den anderen stellen, wenn sich die Erfordernisse ändern. Modulare Systeme stellen einen guten Kompromiß zwischen freistehenden Elementen und Einbaumöbeln dar. Hier können Sie aus einer Vielzahl von Kombinationsmöglichkeiten jene auswählen, die Ihren Bedürfnissen am besten entspricht.

Ob Sie Einbausysteme oder freistehende Elemente bevorzugen – Möbel sollten multifunktional sein

Genauso wie sich Küchen im wahrsten Sinne des Wortes aufmöbeln lassen, indem man Schranktüren austauscht oder streicht, können auch in einem erst kürzlich erstandenen Haus die Alkovenschränke im Wohnzimmer dem eigenen Geschmack entsprechend verändert werden. Vielleicht kann ein Schreiner den Raum nach Ihren Vorstellungen neu gestalten. Beginnen Sie, indem Sie sich Bilder von Schranksystemen in Zeitschriften oder Büchern ansehen, und fertigen Sie dann eine grobe Skizze an, um Ihre Ideen anschließend mit einem Fachmann durchzusprechen. Falls man in seinem Haus oder seiner Wohnung nicht länger als ein paar Jahre bleibt, lohnt es sich wahrscheinlich nicht, viele Schränke bauen zu lassen, denn obwohl ausreichender Stauraum oft ein wichtiger Verkaufsfaktor ist, bevorzugen die neuen Besitzer in der Regel ihren eigenen Stil.

Die teuersten Stücke im Wohnzimmer sind meist die Sitzmöbel. Steht nicht viel Platz zur Verfügung, empfiehlt sich eher ein Schlafsofa oder eine Ottomane, die auch als Beistelltisch dienen kann, als

Ohne geeignete Regale und Schränke kann die Ausübung von Hobbys leicht zu einem Durcheinander führen

ein großer Sessel. Möbel sollten immer multifunktional sein. Niedrige Beistelltischchen mit Schubladen können Bücher, Zeitschriften und Kerzen aufnehmen. Auch ineinandergestellte Tische gelten längst nicht mehr als passé und sparen viel Platz. Englische Gateleg-Tische können dekorative Ablagen sein und – zur vollen Größe aufgeklappt – als Schreibtisch fungieren.

Stellen Sie sicher, daß Ihre Aufbewahrungsmöglichkeiten zum architektonischen Stil und zur Einrichtung passen und nicht den Charakter des Raums oder seine Funktion als Ort der Ruhe und Entspannung beeinträchtigen. Nutzen Sie die vorhandenen architektonischen Elemente, seien es Nischen zu beiden Seiten des Kamins oder ein Erker, in den eine Bank mit darunterliegendem Stauraum paßt. Auf Regalen im Shaker-Stil lassen sich Gegenstände außerhalb der Reichweite von Kindern gut aufstellen, während sich für die Aufbewahrung auf dem Boden Kisten, Kleiderschachteln und Körbe mit Deckeln besonders eignen. An den schmalen Wandstücken zwischen großen Fenstern lassen sich Regale und Schränke plazieren. Türen können durch umrahmende Bücherregale optisch betont werden.

Vergessen Sie nicht, daß die außergewöhnlichen Lösungen oft die besten sind. Verwenden Sie ruhig ausrangiertes Büromobiliar wie Aktenschränke auf Rollen oder Kleiderspinde. Alte Teewagen aus der Bäckerei sind der perfekte mobile Platz für die ständig wachsenden Stapel von Magazinen, Büchern oder Videos.

Im Wohnzimmer ist Präsentation ein wichtiger Aspekt, denn hier betrachtet und bewundert man seine Lieblingsobjekte am ehesten. Mit einer geschickten Beleuchtung kann man dabei sowohl eine Bildergruppe in einem grafischen Arrangement betonen, als auch kleinere Objekte in einer Glasvitrine anstrahlen. Spots heben Schätze hervor, die entlang einer Bildleiste plaziert sind, und eine Halogentischleuchte setzt ein gerahmtes Foto oder eine Vase aus Glas ins richtige Licht.

Ein einheitliches Regalsystem läßt Sammlungen gleichartiger Objekte, etwa altes Blechspielzeug oder Kartenspiele, zu wirkungsvollen Exponaten werden und gibt jedem Wohnzimmer eine interessante persönliche Note.

Schaffen Sie einen streßfreien Raum, der zum Entspannen einlädt

Körbe stellen sehr attraktive und vielseitige Aufbewahrungsmöglichkeiten dar. In flachen farbigen Körben mit Henkeln gesammelt, lassen sich Zeitschriften leicht transportieren. Körbe für Feuerholz neben dem Kamin sind dekorativ und funktional. Große, truhenartige Körbe nehmen Bücher und Magazine auf, kleinere eignen sich für die Aufbewahrung von Kleingeld, Schlüsseln und Quittungen. Mit Hilfe von kleinteiligen Aufbewahrungsmöglichkeiten kann man auf ideale Weise Durcheinander vorbeugen und gleichzeitig für Dekoration sorgen. Winzige Kommoden, Holzkisten und ovale Spandosen im Stil der Shaker sehen gut aus und sind praktisch.

Stauraum nach Maß

Ruhig, klar und übersichtlich

Wohnzimmer

Links Wo der Alltagskram hinter glatten, gleichförmigen Schranktüren verschwindet, ist Gelassenheit der einzig mögliche Gemütszustand.

Ganz oben Die flache Schublade birgt eine umfangreiche Sammlung Kassetten – dennoch hat man immer den Überblick.

Oben Seine Stereoanlage zu verstecken, ist ungewöhnlich. Aber so bleiben die klaren Linien des Raums erhalten.

Oben rechts Hinter maßgeschneiderten Türen läßt sich Chaos gut verbergen.

Wird die Stauraumfrage bereits bei der Planung eines Wohnzimmers berücksichtigt, lassen sich Architektur und Interieur miteinander verschmelzen. Jedes Möbelstück kann danach ausgewählt werden, ob es mit der übrigen Einrichtung harmoniert und die natürliche Struktur des Raums betont. In diesem umgebauten Kutscherhaus sind klare Linien mit einer Vielfalt von Materialien kombiniert. So wurde eine ruhige Atmosphäre kreiert. Moderne, deckenhohe Wandschränke und unauffällige Bänke, die – aufgeklappt – viel Stauraum bieten, erlauben es, Alltagsdinge aus dem Blickfeld verschwinden zu lassen. So kommen die dezente Beleuchtung und die Übersichtlichkeit des Raums voll zur Geltung. Die natürlichen Materialien – Holz, Stein und Leder – machen weiteres Dekor überflüssig.

Stauraum nach Maß

Bücher und Bilder

Bücher und Bilder so zu plazieren, daß sie leicht zugänglich sind und gut zur Geltung kommen, ist in Wohnräumen, die der Entspannung dienen sollen, oft problematisch. Eine umfangreiche Bibliothek kann zu dominant wirken. Als Alternative bietet sich die Aufbewahrung in Glasvitrinen, hinter Schiebetüren oder in Drehschränken an. Glatte Schranktüren eignen sich außerdem gut, um Bilder aufzuhängen. Stellt man unter den Bücherregalen Schränke auf, kann der Rest des Raums frei von Möbeln bleiben.

S. 30 links **Auf einer charaktervollen Kirschbaumkommode werden Holzkegel und Fossilien präsentiert.**

S. 30 rechts **Der Plexiglaswürfel ist Beistelltisch und Vitrine zugleich, ohne daß er sichtbar Platz einnimmt.**

Links oben und unten
Die Bildergalerie ist nichts weiter als eine Schranktür, die – geöffnet – den Blick auf Kunstwerke und Bücher freigibt.

Diese Seite **Faltbare Schranktüren, die in Deckenschienen gleiten, sind vielseitig einsetzbar, zum Beispiel als Fensterläden oder Ausstellungsflächen.**

Stauraum nach Maß

Offener Raum

Ein praktisch-funktionaler Ansatz bei der Stauraumplanung schließt den dekorativen Aspekt keineswegs aus. In diesem vom Industriedesign inspirierten Raum stoßen offene Bücherregale an Schränke mit einer Glasfront, in denen Küchenvorräte lagern. Jeder Zentimeter an beiden Wänden wurde genutzt. So bleibt die Mitte des Raums frei für die überlegt ausgesuchten Möbel wie den langen Tisch, der gleichzeitig Arbeitsplatte und Eßtisch ist. Da sich die Höhe der Regalböden variieren läßt, kann man verschiedengroße Bücher, Kisten und Ordner unterbringen. Unter einem Teil der Regale befinden sich Elemente mit flachen Schubladen für Kassetten und Schreibutensilien. Die Schränke mit den Glasschiebetüren an der anderen Wand halten Geschirr, Nahrungsmittel und Haushaltsgeräte in bequemer Nähe zum Tisch und Küchenbereich auf der rechten Seite bereit. Dieser farbenfrohe Raum steht in klarem Gegensatz zur puristischen Ästhetik und wirkt dennoch zeitgemäß.

Oben In einem offenen Wohnraum sollten sich die Dinge genau dort befinden, wo sie gebraucht werden. Hier hat jede Wand ihre eigene Funktion.

Rechts An dieser Wand verbinden sich Bibliothek und Büro. Bei so viel Übersichtlichkeit gibt es keine Entschuldigung mehr, etwas nicht zu finden.

Hören und Sehen

S. 34 links Will man verhindern, daß der Fernseher das Wohnzimmer allzusehr dominiert, kann man ihn zum Beispiel in ein Regal mit einer Sammlung Zeitschriften stellen.

S. 34/35 Sichtbar plaziert, stören technische Geräte oft. Ein leicht zu öffnender Schrank eignet sich gut, um die Hifi-Anlage zu verstauen.

Oben CD-Kästen in einem schlichten Metallgestell ergeben ein praktisches Aufbewahrungssystem.

Oben rechts Die Stereoanlage paßt perfekt unter die Hängeschränke und befindet sich gleichzeitig auf idealer Bedienungshöhe.

Musik, Fernseher und Radio sind nicht wegzudenken aus einem Wohnraum, in dem man die Schuhe abstreifen, die Außenwelt vergessen und die Seele baumeln lassen möchte. Doch soll man die Geräte verbergen oder sichtbar aufstellen? Mancher Musikfan würde nicht im Traum daran denken, seine kostbaren Schallplatten, CDs oder Kassetten in Schränken oder Kisten zu verstecken, andere wiederum wollen sie hören, aber nicht sehen. Wie dem auch sei, die Stereoanlage sollte in der Nähe der Musiksammlung stehen. Schränke, Regale oder Rollcontainer eignen sich gleichermaßen. Wichtig ist eine gute Luftzirkulation, da die Geräte Wärme entwickeln und Ventilation brauchen. Lautsprecher haben einen besseren Klang, wenn sie nicht auf dem Boden stehen, es sei denn auf speziellen Ständern. Variable Aufbewahrungssysteme für Unterhaltungselektronik, in die sogar der Computer paßt, gibt es in vielen Ausführungen und Stilvarianten.

Stauraum nach Maß

Balance und Perspektive

S. 36/37 Die deckenhohen Schränke und der Kamin aus Beton verschmelzen mit der Architektur dieses Raums, der aus zwei kleineren Zimmern entstanden ist.

Diese Seite Schmale Einbauschränke mit Winkelgriffen bieten reichlich Stauraum. Unordnung läßt sich daher leicht aus dem Blickfeld verbannen.

Stauraum nach Maß

In Häusern, die von Architekten gestaltet wurden, stellt man oft fest, daß dem Aspekt Stauraum viel Beachtung geschenkt wurde. Aufbewahrungsmöglichkeiten so zu planen, daß sie für einen Raum vorteilhaft sind, seine Architektur ergänzen und den funktionalen Ansprüchen genügen, ist besonders dort erforderlich, wo spezielle Interessen und Lebenseinstellungen die Richtung für die Planung vorgeben.

Hier galt es, eine Sammlung von Büchern und Zeitschriften in einem schlichten Raum unterzubringen, in dem die hohe Qualität der Einrichtung den Ton angibt. In der Nische kommen die versteckt montierten Regale gut zur Wirkung, dominieren aber nicht. Über dem Kaminsims hängt ein Spiegel mit breitem Rand, und in der Mitte des Raums steht ein quadratischer Tisch. Alles wirkt symmetrisch, ausgewogen und ruhig.

Oben **Die Leiter unter dem Regal stellt einen Bezug zu den horizontalen Linien und rechten Winkeln in diesem Raum her.**

Rechts **Teppich und Sofa lockern die strengen Linien und glatten Oberflächen auf.**

Wohnzimmer

Stauraum nach Maß

Verstaut und aufgetürmt

Oben, von links nach rechts **Runde Holzbehälter sind ein eleganter Blickfang und können auch als Bar fungieren; eine freistehende Konsole eignet sich als Beistell- oder Nachttisch, aber auch für die Unterbringung von Spielzeug; ein Stapel wie zufällig abgestellter Kartons ist äußerst effektvoll.**

S. 41 rechts **Gleichartige Kisten in maßgefertigten Regalen fordern dazu auf, Ordnung zu halten.**

In jedem Haushalt gibt es unendlich viel Kleinkram, der regelmäßig aufgeräumt und weggepackt werden muß – oft am Ende eines arbeitsreichen Tages oder nach einem turbulenten Wochenende –, damit man in einer ordentlichen Umgebung wieder zur Ruhe kommen kann. Freistehende Möbel, Körbe und Koffer, die es in verschiedenen Ausführungen und Größen gibt, können von Zeitschriften über Fotoalben bis hin zu überdimensional großen Büchern alles beherbergen.

Was Sie auch aufbewahren möchten – originelle Kisten, Dosen und Schachteln sind gute Verstecke für langweilige und unattraktive Dinge und lockern

Diese Seite **Übereinander gestellte Elemente im gleichen Design sind sichtbarer Ausdruck einer Vorliebe für Klarheit und Ordnung.**

gleichzeitig die Umgebung auf. Für die kleinsten Gegenstände kann man alte Keksdosen, große Glas- oder Tonkrüge, Blechbüchsen oder Weidenkörbe verwenden.

Stapeln Sie kleinere Schachteln besser säulenartig auf dem Boden – vielleicht als Ablage neben dem Sofa –, anstatt sie in ein Regal zu stellen. Auf diese Weise werden sie zu einem Blickfang. Auch kleine Beistelltische mit integrierten Schubladen haben ein erstaunliches Fassungsvermögen und bieten zugleich Stellfläche für schöne Objekte.

Alt und neu vereint

Wohnzimmer

S. 42/43 Durch große Fenster fällt Licht auf die 60er Jahre-Möbel und die Aufbewahrungselemente.

Links Bei Platzmangel ist ein multifunktionaler Beistelltisch ein Gewinn.

Unten Kleine Schalen sind dekorative Behälter für Kleingeld und Schlüssel.

In diesem Appartement verbindet sich modernes Design mit den Vorzügen eines klassischen Einrichtungsstils. Die mit hellen Abdeckungen versehenen Schränke unter den Regalen bieten viel Stellfläche, und eine Schieferplatte vor dem offenen Kamin – eine Hommage an die 60er Jahre – akzentuiert die Mitte der Wand. In den Nischen zu beiden Seiten des Kamins bilden würfelförmige Elemente, die in Abständen in die Regale eingesetzt wurden, eine Aufbewahrungsmöglichkeit en miniature. Auch der niedrige Couchtisch mit Schubladen, eine Truhe und Weidenkörbe für Zeitschriften helfen, Ordnung zu halten. In einem kleinen Raum sollte man so viel wie möglich in Schränken und an der Wand unterbringen, dann steht der übrige Platz für das notwendige Mobiliar zur Verfügung.

S. 44 links **Ein zur Vase umfunktionierter Metallkrug macht sich gut auf einem grob gehauenen Kaminsims aus Holz.**

S. 44 rechts oben **Mit Krügen, Schalen und anderen Objekte lassen sich optische Akzente zwischen den Büchern auf einem Regal setzen.**

S. 44 rechts unten **Eine schachbrettartige Kombination von Regalen und kleinen, geschlossenen Elementen fordert dazu auf, seine Lieblingsobjekte zu präsentieren.**

Rechts **Ein schöner Wäscheschrank läßt sich in einem Wohnraum vielseitig verwenden.**

Details im Blick

Der richtige Platz für die Lieblingsvase, den schönsten Krug oder Pflanzenkübel, an dem der Gegenstand bei Bedarf griffbereit ist, ergibt sich manchmal ganz von selbst, je nachdem, wie sehr das entsprechende Objekt im Vordergrund stehen soll. Andererseits kommt es auch vor, daß man sich mit einem bestimmten Einbauregal konfrontiert sieht, das geradezu danach schreit, als Ausstellungsfläche für hübsche Gegenstände und Sammlerstücke zu dienen und das ohne sie leer und unfertig wirkt. Vielleicht besitzen Sie eine Glasvitrine, die mit Sinn für Ästhetik und Liebe zum Detail bestückt werden muß. Eine geschickte Dekoration gibt Aufbewahrungssystemen das gewisse Etwas.

Wohnzimmer

Funktionelle

Küchen mit Stil

Küche

Stauraum nach Maß

Die Küche ist der Raum im Haus, in dem die höchsten Ansprüche an den Stauraum gestellt werden. Gleichzeitig bieten sich hier aber auch nahezu unbegrenzte Aufbewahrungsmöglichkeiten. Einbauküchen, die aus kleinen Vorratsschränken fest zusammengehörende Einheiten machen, kamen in den 20er Jahren in den USA auf. Heute sind sie aus Wohnung und Eigenheim nicht mehr wegzudenken, und es gibt dicke Kataloge voller Zubehör – von Halterungen für den Staubsaugerschlauch bis hin zu speziellen Gewürzstellagen. Während einiges davon durchaus nützlich ist, verschwendet man mit anderem nur seine Zeit. Es gilt, unter all dem Schnickschnack die wirklich praktischen Lösungen zu finden.

In den 90er Jahren ging bei der Kücheneinrichtung der Trend weg von der Beschränkung auf festgefügte Reihen gleichartiger Elemente. Trotzdem stellt die Kombination von Schränken mit Arbeitsflächen nach wie vor ein gut funktionierendes System dar. Besonders in einer kleinen Küche läßt sich der Platz mit Einbauelementen immer noch am besten ausnutzen. Rollbare Regale oder Container unter den Arbeitsplatten ermöglichen dabei eine größere Flexibilität.

Um das Stauraumproblem in der Küche in den Griff zu bekommen, sollte man seine Küchengeräte und -utensilien zunächst genau unter die Lupe nehmen. Breiten Sie alles – auch selten benutzte Töpfe oder Backformen – auf dem Küchentisch aus, und gehen Sie die einzelnen Teile dann nach folgenden Kriterien durch: Wann wurde der Gegenstand das letzte Mal benutzt? Ist er einfach zu gebrauchen? Verschwendet man damit mehr Zeit, als man spart? Ist das Design noch aktuell? Bilden Sie drei Haufen: Erbstücke, Sachen für den Flohmarkt und solche für den Müll. Verbannen Sie alle Erinnerungsstücke in den Keller oder auf den Speicher.

Unterteilen Sie anschließend den verbleibenden Rest in vier Kategorien. Betrachten Sie jedes Stück, und überlegen Sie, ob Sie es täglich brauchen, ob Sie es sichtbar aufstellen wollen, weil es hübsch ist oder stets zur Hand sein muß, ob Sie es problemlos ganz hinten in den Schrank schieben können, weil es nur zweimal im Jahr benötigt wird oder ob es vielleicht zu jenen Dingen gehört, die Sie aufheben, ohne so recht zu wissen warum. Die zuletzt genannten Gegenstände legen Sie am besten ganz unten in einen Schrank. Machen Sie sich eine Notiz, sie in drei Monaten noch einmal hervorzuholen. Wenn Sie die Sachen bis dahin immer noch nicht benutzt haben, fliegen sie raus. Vergessen Sie den Papierkram nicht. Manche Leute behaupten, wenn man in der Küche nur eine Schublade für Krimskrams hat, sammelt sich auch nicht mehr an. Je mehr Ecken und Winkel man für alte Briefe und Notizzettel

Machen Sie in regelmäßigen Abständen einen Frühjahrsputz, und Ihre Küche bleibt funktional und übersichtlich

vorsieht, desto größer ist tatsächlich die Gefahr, daß man dort irgendwelche Dinge ablegt, die man nie wieder hervorholt.

Wenn einige Müllsäcke gefüllt sind, haben Sie den Inhalt Ihrer Küche wahrscheinlich auf ein annehmbares Maß reduziert. Es lohnt sich, dies mindestens einmal jährlich zu tun. Kluges Aussortieren und Auffüllen führt zu sauberen, übersichtlichen Küchenschränken voll nützlicher Dinge und kann eine durchaus befriedigende Pflicht sein. Lernen Sie, mit weniger zu leben. Es wird Ihre Last erleichtern, in arbeitstechnischer wie auch in gedanklicher Hinsicht.

Nach dem Aussortieren sollten die Gegenstände in funktionale Gruppen unterteilt werden. Kochgeräte und Zubehör in eine Ecke, Geschirr in eine andere, Besteck und Tischwäsche in eine dritte. Sie werden feststellen, daß eine natürliche Ordnung zutage tritt. Wird eine Küche von Grund auf neu geplant, sollte man sich Gedanken darüber machen, wie man darin leben wird. Gibt es zum Beispiel eine Eßecke, möchte man wahrscheinlich einige Tischtücher und Gläser in Reichweite haben. Hat der Raum eine hohe Decke, bietet sich ein Hängeregal als Stauraum an. Wie auch immer, stellen Sie sicher, daß Sie jeden Bereich des Raums optimal nutzen und von den größten Pfannen bis zu den kleinsten Teesieben auch wirklich alles berücksichtigen.

Nutzen Sie architektonische Gegebenheiten, um die Aufbewahrung in der Küche zu optimieren

Kleine Vorratsbehälter, eingebaute oder freistehende Elemente, herausziehbare Vorratsschränke, Gemüsekörbe auf Rollen und Relingstangen für Geräte sind einfache Mittel, um eine Küche effizient, ästhetisch ansprechend und zugleich sicher zu gestalten.

Fehlt es an Stauraum, obwohl Sie bereits gründlich aussortiert haben, sollten Sie prüfen, ob sich an den Wänden zusätzliche Regale oder Schränke anbringen lassen. Ist auf dem Boden Stellfläche vorhanden, empfiehlt sich ein Butchers Block oder Servierwagen, auf dem man Lebensmittel oder Geschirr von einer Ecke der Küche in die andere schieben kann.

Heutzutage kauft man nicht mehr so häufig ein wie früher. Meist wird einmal in der Woche oder sogar noch seltener ein Großeinkauf getätigt. Dadurch müssen zu Hause mehr Nahrungsmittel auf einmal ge-

lagert werden. Im Zuge dieser Entwicklung sind große Kühlschränke sind zu einer zwingenden Notwendigkeit geworden, und alle leichtverderblichen Lebensmittel sollten dort verstaut werden. Gemüse bewahrt man am besten an einem dunklen, gut belüfteten Ort auf. Versuchen Sie alles, was Sie zum Kochen benötigen – Olivenöl, Saucen, Gewürze – dicht beim Herd unterzubringen, und bewahren Sie Hülsenfrüchte, Pasta und Suppennudeln gut sichtbar oder in einem Schrank in der Nähe auf, damit Sie während des Kochens nicht ständig von einer Ecke der Küche in die andere laufen müssen.

Das dekorative Aufstellen von Gegenständen spielt in der Küche eine wichtige Rolle. Aus der Not eine Tugend zu machen, heißt, häßliches Porzellan und Kochgeschirr hinauszuwerfen und nach und nach durch die jeweiligen Lieblingsmaterialien und -marken zu ersetzen. Edelstahl- und Kupferpfannen, formschöne Toaster, Kaffeemaschinen und glänzende multifunktionale Küchengeräte sind an sich schon schöne Objekte. Es gibt keinen Grund, sie hinter Schranktüren zu verstecken, wenn sie ständig gebraucht werden. Auch Porzellan ist hübsch anzusehen. Plazieren Sie die Alltagsgedecke in der Nähe des Geschirrspülers, das sorgt für ergonomi-

Schöne Küchengeräte sollten sichtbar aufgestellt werden – so bleibt in den Schränken genug Platz für andere Dinge

sche Arbeitsabläufe. Stellagen mit Weinflaschen, Vasen und Körbe mit Obst sind ebenfalls sehr dekorativ.

Auf den nächsten Seiten wird eine breite Palette praktischer und phantasievoller Stauraumlösungen für die Küche vorgestellt.

Stauraum nach Maß

Von hier nach dort

In der Küche spielt sich immer wieder aufs neue ein Verwertungsprozeß ab. Er beginnt in dem Moment, in dem Sie Lebensmittel aus dem Laden nach Hause bringen. Die einzelnen Nahrungsmittel werden verteilt und weggeräumt, um nur kurze Zeit später wieder hervorgeholt, zubereitet, gekocht und gegessen zu werden.

Diese Seite **Die Schränke unter den marmorierten Arbeitsplatten bilden einen neutralen Hintergrund für den Küchentisch, auf dem hier der Einkauf abgeladen wurde.**

Rechts oben **Bewahren Sie frisches Gemüse in einem luftdurchlässigen Behälter an einem kühlen, nicht zu hellen Ort auf.**

Rechts Mitte **Pasta sieht in durchsichtigen Behältern immer am besten aus – und ist so auch am leichtesten zu finden.**

Rechts unten **In der richtigen Stellage ergeben Weinflaschen ein grafisches Muster.**

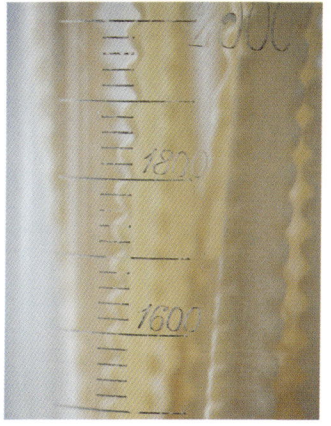

Ganz oben **Ein großer Kühlschrank entlastet die Küchenschränke.**

Oben links **Gehen Sie die Sache spielerisch an, und verwenden Sie ungewöhnliche Behälter, zum Beispiel einen Meßbecher, für die Aufbewahrung.**

Oben rechts **Nüsse oder Hülsenfrüchte wirken in Gläsern sehr dekorativ.**

Wer diese Küche betritt, wird von ihren kräftigen Farben sofort in den Bann gezogen. Obwohl die klotzigen Elemente einzeln stehen, hat das Ensemble doch etwas von einer Einbauküche. Wahllos auf einem Metallregal im Industriestil angeordnet, bilden Nudeln und Hülsenfrüchte, Mikrowellengerät, Kochbücher, Töpfe und Pfannen ein optisch reizvolles Szenario.

Die freistehenden Einheiten sind alle im gleichen Stil gehalten, doch erfüllt jedes Element eine beson-

Elemente

dere Funktion. Der Kochbereich besteht aus dem Kochfeld, an das sich rechts und links Arbeitsflächen anschließen. Darunter befinden sich Regale für große Tabletts und Schüsseln. Zur Spüle gehören Spülbekken, Geschirrspüler und Schränke, die sich, in lebhaftem Rot lackiert, vom Steinboden abheben. Die Mikroinsel im Zentrum des Raums dient vor allem der Essenszubereitung. Sie verfügt über geräumige Fächer, in denen Porzellan und Gläser in optimaler Nähe zum Geschirrspüler abgestellt werden können. Kleine würfelförmige Schubladen an einer Seite dieses Elements bieten Platz für Gewürzdosen, Teebeutel und andere kleine Dinge. Die Kücheninsel lädt dazu ein, es sich wie an einer Bar gemütlich zu machen.

Links Freistehende Elemente sind sehr effektiv. Offene Fächer, Bereiche mit Türen sowie Schubladen ermöglichen eine flexible Aufbewahrung.

Rechts Die Kücheninsel verfügt über praktische Schubladen für Kleinteile. Das Gewürzbord läßt sich dorthin tragen, wo es gerade gebraucht wird.

Stauraum nach Maß

Neue Sachlichkeit

Dieses Loft wird von einem Paar bewohnt, das dem Trend, aufs Land zu ziehen, zugunsten eines modernen Stadtlebens widerstanden hat. Die Küche, in der die Stauraumfrage pfiffig und zugleich abenteuerlich gelöst wurde, nimmt eine Ecke der Wohnfläche ein, wobei das durch die Fenster einfallende Licht interessante Reflexe auf dem gläsernen Spritzschutz und den Edelstahlaccessoires erzeugt.

Mit Bedacht eingesetzt, bringt Chrom stets modernen Glanz in einen Raum. Hier stellen die Chromgriffe einen optische Verbindung zwischen verschiedenen Oberflächen her. Mit den weißen Schränken, den großen Apothekerauszügen sowie dem Parkettboden wird eine elegante Mischung aus funktionalen Materialien und schlichten Accessoires erreicht. Ein solches Design paßt in jeden Raum und schafft einen neutralen Hintergrund für die wichtigen Dinge des Lebens – Kochen und Essen, Geselligkeit und Entspannung.

Links **Glücklich darf sich schätzen, wer einen großen blauen Kühlschrank in einer eigens gemauerten Einfassung besitzt. Die helle Umrandung betont die schönen Konturen und die kühne Farbe.**

Rechts **Chromgriffe in unterschiedlichen Ausführungen heben die Funktionalität dieser Loft-Küche hervor.**

S. 55 rechts **Ein Apothekerauszug ist für viele der Inbegriff eines Vorratsschranks. Sein Inhalt ist immer übersichtlich und griffbereit.**

Stauraum nach Maß

Diese Seite Suchen Sie in Antiquitätengeschäften oder auf Flohmärkten nach alten Vorratsbehältern. Sie sind nützlich und haben Charme.

Rechts oben **Das traditionelle Flaschenregal erlebt – in Plastik-, Chrom- oder Edelstahlausführung – immer wieder eine Renaissance.**

Rechts unten **Durchsichtige Behälter machen Etiketten, die doch nur abfallen oder einreißen, überflüssig.**

S. 57 links **Wenn der Platz es zuläßt, sind Brotkästen ein Gewinn und sehen auf der Arbeitsfläche gut aus.**

S. 57 rechts oben **Auf einem hübschen Teewagen aus Chrom kann man Lebensmittel, Porzellan oder Tischwäsche aufbewahren, transportieren oder einfach nur schön präsentieren.**

S. 57 rechts unten **Schicke Metalldosen in verschiedenen Größen sind ideale Behälter für Tee, Kaffee und Zucker.**

Stauraum nach Maß

Ins Regal gestellt

Falls Sie es nicht mögen, wenn alles weggepackt ist, können Sie sich auch die Freiheit nehmen, Ihr Küchenzubehör im großen Stil in Szene zu setzen. Solange alles Platz findet, macht es nichts, wenn Porzellan, Töpfe und Küchengeräte ein dekoratives Durcheinander wie auf einem Bazar bilden. In diesem umgebauten Schulhaus bergen Picknickkörbe eine Sammlung langweiliger Plastikgefäße und Siebe. Trotz des gemütlichen, zwanglosen Stils wirken die Körbe, unter der Arbeitsfläche in Dreierreihen aufgestellt, sehr ordentlich. Ein französischer Spiegelschrank mit Schnitzereien auf der anderen Seite des Raums dient als Vorratsschrank.

Wenn in einem Raum Aufbewahrung in einem so starken Maße Teil der Dekoration ist wie hier, bedarf es nur noch eines langen Tisches und schlichter Stühle, um eine entspannende Atmosphäre zu schaffen. Das Fehlen konventioneller Lösungen wie Einbauschränke und abgegrenzte Koch-, Eß- und Wohnbereiche ist dann keineswegs ein Manko.

Links Bevor die Einbauküche erfunden wurde, lagerte man Lebensmittel in Anrichten oder ähnlichen Möbelstücken. In den tiefen Fächern antiker Schränke lassen sich Vorratspackungen der Grundnahrungsmittel bequem verstauen.

Rechts Wenn alle Küchenutensilien zu sehen sind, findet man auf Anhieb, was man braucht und muß nie mehr als ein paar Schritte zurücklegen, um nach einem Topf oder einer Pfanne zu greifen.

Stauraum nach Maß

60

Links **Zum Verstauen von Vorräten** eignen sich gemütliche alte Schränke genauso wie Apothekerauszüge mit Drahtkörben. Es kommt nur darauf an, daß sie mit leckeren Sachen gefüllt sind, und man genau weiß, wo etwas zu finden ist.

Rechts **Ein gefliester Küchenblock** mit geräumigen Fächern ist eine preiswerte Möglichkeit, einen ganzen Raum auszustatten. In Weidenkörben können größere Gegenstände wie Backformen, aber auch Teller und Schüsseln untergebracht werden – dekorative und praktische Aspekte werden so geschickt miteinander verbunden.

Links oben **Mit einem kleinen Kühlschrank unter der Arbeitsfläche wird der Platz optimal genutzt. Darüber hinaus kann es noch eine große Gefrierkombination geben.**

Links unten **Die Schneidebretter passen genau unter die Tischplatte und können schnell hervorgezogen werden.**

Diese Seite **Da genügend Steckdosen vorhanden sind, kann man dekorative Elektrogeräte auf die steinerne Arbeitsplatte stellen.**

S. 63 links oben **Eine Waschmaschine ist leiser, wenn man sie hinter einer Tür versteckt.**

S. 63 links unten **Küchenmaschinen sparen Zeit und Energie. Achten Sie aber darauf, daß sich alles Zubehör an einem Ort befindet.**

S. 63 ganz rechts **Ein neongelber Wasserkocher ist der einzige Farbtupfer auf der ansonsten leeren Edelstahlfläche.**

Stauraum nach Maß

Diese Küche ist ein gutes Beispiel dafür, wie architektonische Gegebenheiten in die Planung einbezogen und moderne Elemente integriert werden können, ohne daß das Resultat eine langweilige Kompromißlösung ist. An einer Seite der Küche wurden funktionale Unterschränke mit einer marmornen Arbeitsfläche und einem Spritzschutz im gleichen, kühl wirkenden Dekor kombiniert. Eine Reihe von offenen Fächern über den Hängeschränken lockern die feste weiße Front auf und bieten Platz für dekorative Vasen. Am anderen Ende des Raums erzeugen ein großer Eßtisch aus Holz mit einer Schublade für Tischwäsche sowie andere freistehende Elemente in warmen Holztönen eine gemütliche Atmosphäre. Sie geben einen schönen Hintergrund für die modernen Küchenschränke ab.

Der stabile Butchers Block auf Rollen paßt genau unter den ungenutzten Kamin und bietet Stellfläche für dekorative Utensilien. Er kann leicht hervorgezogen werden, um bei der Zubereitung des Essens, am Eßtisch oder am gut bestückten Vorratsschrank zur Hand zu sein. Eine alte Anrichte aus Holz an der gegenüberliegenden Wand enthält – ganz dem ur-

Alles hat seinen Platz

sprünglichen Verwendungszweck entsprechend – das Porzellan. Auf dem Tellerbord bietet es auch dann einen hübschen Anblick, wenn es nicht in Gebrauch ist. Gleichzeitig befindet es sich in Reichweite des Tisches. Eine Anrichte so zu nutzen, spart kostbaren Platz in den Schränken, der dann für optisch weniger attraktives Küchenzubehör zur Verfügung steht.

S. 64 Das Alltagsgeschirr auf dem Tellerbord der Anrichte ist zwischen den Mahlzeiten eine hübsche Dekoration.

Diese Seite Glatte weiße Schränke bieten Platz für alles – vom Geschirr bis zur Tischdecke.

Rechts oben Wer einen gut gefüllten Vorratsschrank besitzt, kann aus dem Stegreif ein Essen zaubern.

Rechts unten In der Tischschublade lassen sich Decken und Besteck verstauen.

Oben **Das Himbeerrot der Einbauelemente setzt sich effektvoll von den kühlen, natürlich wirkenden Tönen der Wände, Arbeitsflächen und des Bodens ab. So entsteht ein Raum, der sauber, ausgewogen, funktional und zugleich stilvoll wirkt.**

Links **Eine Reihe farbenfroher Einbauschränke** leitet den Besucher von einem Ende des Hauses zum anderen und enthält die Sachen, die man nicht gerne herumstehen haben möchte.

Rechts **Eine ungewöhnliche und innovative Lösung: Die Teller werden in Schubladen mit speziellen Halterungen vertikal hineingestellt.**

Ein Keller wurde hier zu einer stilvollen, modernen Küche umgebaut. Die hellen Wände und die kühl wirkenden Chromflächen, die Arbeitsplatten aus Holz und der sandfarben gefliese Fußboden vermitteln den Eindruck schlichten Understatements. Im Kontrast dazu stehen die in kräftigem Himbeerrot gehaltenen Einbauelemente mit ihren schicken Chromgriffen. Die Wahl der Materialen ist wohl durchdacht: Die sanften, natürlichen Töne von Holz, Metall und Stein sorgen dafür, daß das Himbeerrot nicht zu dominant wird.

Zumindest äußerlich wirkt alles klar und ordentlich, denn der Kleinkram ist hinter Türen verbannt, und nur die wichtigen Geräte sind sichtbar aufgestellt.

Kühl und klar: die moderne Küche

Lange Arbeitsflächen bieten viel Platz für die Zubereitung der Mahlzeiten, und die Mücheninsel mit den Hockern ist ideal für ein schnelles Frühstück.

An einer Wand des angrenzenden Flurs stehen hohe, zu den Küchenelementen passende Schränke. Sie stellen eine optische Verbindung zwischen den Bereichen her. Außerdem sorgen sie dafür, daß vom Spielzeug bis zu den Mänteln alles, was die Symmetrie des ausgewogenen, klaren Raumes stören könnte, in Windeseile weggeräumt werden kann.

S. 68 links **Das schlichte Porzellan und die mit Baumwollstoff verkleidete Spüle beweisen, daß auch eine auf Nützlichkeit ausgerichtete Küche sehr ansprechend aussehen kann.**

S. 68 rechts oben **Goldfarbenes Geschirr ist immer ein optisches Highlight.**

S. 68 rechts unten **Die Besteckschublade aus Holz ist dekorativ und übersichtlich zugleich.**

Links oben **In Drahtkörben kann das Besteck gut abtropfen.**

Links unten **Reihen gleichartiger Gläser sind schön anzusehen.**

Rechts oben **Ein ordentlich gestapeltes Service ist ein Ruhepol, wenn drumherum Chaos herrscht.**

Rechts unten **Bei dieser ergonomisch gestalteten Besteckschublade kann man schnell von einem Fach ins andere greifen.**

Stauraum nach Maß

In einem alten Haus wurde die Küche so gestaltet, daß der ursprüngliche Charakter des Raums erhalten geblieben ist. Der Herd steht in der Kaminnische, und den Kaminsims ziert eine Uhr – ein Hinweis darauf, daß der Raum früher als Wohnzimmer diente. Ein von Metallstäben getragenes Regal bietet – in optimaler Nähe zum Herd – Platz für Töpfe und Pfannen. Obenauf steht, ebenfalls immer griffbereit, eine beachtliche Sammlung von Öl- und Essigflaschen.

Die Wandfläche wird durch die deckenhohen Schränke voll genutzt. Ihre satinierten Türen gestatten einen Blick ins Innere, ohne jedoch alles preiszugeben. In den oberen Fächern stehen Utensilien, die nicht so häufig gebraucht werden. Mit Hilfe einer eleganten Trittleiter sind sie leicht zu erreichen. Die Unterschränke sind mit Schubladen versehen und wirken weniger standardisiert, da sie ein anderes Design haben als die Wandschränke, aber dennoch dazu passen. Alle wesentlichen Einrichtungselemente sind zu einer ergonomischen, kompakten Kombination verbunden, die sich gut in die bestehenden architektonischen Strukturen einfügt.

Kompakt und individuell

Rechts Trittleitern sind in allen Räumen nützlich: In der Küche kann man damit hohe Regale und Schränke erreichen, und in Zimmern mit großen Fenstern sind sie unerläßlich, wenn es heißt, Gardinen oder Vorhänge abzunehmen.

S. 70/71 Herd, Arbeitsplatte und Schränke mit Glastüren gruppieren sich gelungen um den alten Kaminvorsprung und ergeben eine attraktive, moderne Küche.

Links Man kann viel Platz sparen, wenn man ein Abtropfgestell an die Wand montiert und Küchenzubehör an eine Wandschiene hängt.

Unten Dieses Regal steht ein wenig über, ist aber ideal plaziert, um Töpfe auf den Herd zu stellen.

Küche

Stauraum nach Maß

Links Messer müssen sicher und praktisch aufbewahrt werden. Dazu eignen sich zum Beispiel Küchenschubladen mit speziellen Halterungen. In den Schlitzen sind die Klingen geschützt.

Unten Eine gute Möglichkeit ist auch ein Messerbrett an der Wand, in das man die Messer von oben einsteckt.

S. 73 oben links Eine Sammlung von Sieben und Dosen wird mit einer bunten Blumengirlande belebt.

S. 73 unten links Utensilien aus Edelstahl sind wahrhaft glänzende Küchenhelfer.

S. 73 rechts Hängevorrichtungen müssen nicht sonderlich ausgeklügelt sein. Auch Fleischerhaken an einer Relingstange können gute Dienste leisten.

Wo die Arbeit

Spaß macht

Das Büro zu Hause

Stauraum nach Maß

Immer häufiger findet man in modernen Haushalten auch ein Büro. Die Zahl der Menschen, die mit Hilfe der Kommunikationstechnologie einen Teil oder auch die ganze Arbeitswoche zu Hause verbringen, anstatt in eine Firma zu fahren, wächst ständig. Reichte früher ein bescheidener Arbeitsplatz aus, der vielleicht nur aus einem Schreibtisch in einer Zimmerecke bestand, werden heute viele Häuser und Wohnungen schon von vornherein so konzipiert, daß genügend Platz für die Einrichtung eines Büros zur Verfügung steht.

Wenn Sie Ihren Arbeitsplatz nach Hause verlagern, kann das Ihre bisherigen Raumkonzepte völlig durcheinander bringen. Gästezimmer, Eßzimmer, Wintergarten, Emporen und Räume unter Treppen werden von Leuten, die in den eigenen vier Wänden arbeiten, besonders gerne in Beschlag genommen, nur um dann von vielen der abtrünnig gewordenen Büroangestellten schon bald als zu klein, zu dunkel, zu offen und zu unprofessionell bezeichnet zu werden. Eine Lösung für dieses Problem ist Optimierung – Optimierung in bezug auf Platz, Einrichtung und Inventar. Wollen Sie Ihr Arbeitsleben effektiv gestalten, müssen Sie sich auf das Wesentliche konzentrieren. Wenn Sie bei Ihrer Arbeit häufig mit schriftlichen Unterlagen zu tun haben, die geordnet, abgelegt und ständig griffbereit sein müssen, ist das Mindeste, was Sie benötigen, eine Nische mit Regalen und einigen Schränken. Büroarbeit folgt einem natürlichen Kreislauf, der sich auf die Formel »Finden, Verwenden, Ordnen und Aufbewahren« bringen läßt. Plaziert man alles, was man benötigt, in Reichweite, funktioniert die Ergonomie. Die Anzahl der Arbeitsschritte verringert sich, und die Aufgaben sind schneller erledigt. So gewinnen Sie Zeit für andere Aktivitäten.

Das einfachste häusliche Büro ist meist nicht mehr als ein Ort, an dem man in Ruhe eine Überweisung ausfüllen oder einen Brief schreiben kann. Ein solcher Arbeitsbereich kann meist problemlos in einer Zimmerecke oder im Flur eingerichtet werden. Wenn man jedoch von zu Hause aus einer Voll- oder Teilzeitbeschäftigung nachgeht und einen Schreibtisch, einen Computer, ein Faxgerät und Stauflächen für Bücher benötigt, steigen die Anforderungen. Freistehende Einheiten, Einbauelemente mit Schubladen, ausklappbare Arbeitsplatten, Flachbildschirme und kleine Tastaturen eignen sich für den kompakten Arbeitsplatz auf kleinem Raum. Sollten Sie jedoch nicht zu der Sorte Mensch gehören, die penibel Ordnung hält, ihre Unterlagen einzeln beschriftet und sich an dem Wissen ergötzt, jedes Teil in Sekundenschnelle lokalisieren zu können, werden Sie – konfrontiert mit allzu großen räumlichen Beschränkungen – Ihre Utensilien wohl schon bald auf dem Küchentisch verteilt haben.

Falls Sie immer zu Hause arbeiten, versuchen Sie, für Ihr Büro wenigstens einen Raum ganz zu reservieren, denn es ist vorteilhaft, ein abgetrenntes Arbeitszimmer zu haben, das Sie morgens betreten

Häuser und Wohnungen weisen immer öfter ein funkionales Büro auf, um einen flexibleren Lebensstil zu ermöglichen

Ob Sie Ihr Büro im Keller oder außerhalb des Hauses einrichten – trennen Sie Arbeits- und Freizeitbereich

und abends verlassen können. Seien Sie bei der Suche nach dem richtigen Platz einfallsreich. Je nach Art Ihrer Arbeit kommt vielleicht sogar ein Raum außerhalb des Hauses, zum Beispiel eine ausgebaute Garage oder ein Gartenhaus, in Frage.

Ein geeigneter Arbeitsplatz entsteht oft, wenn man architektonische Gegebenheiten geschickt nutzt. So kann man in einem Raum mit hohen Decken ein Podest bauen oder unter einer Treppe einen Sekretär aufstellen. Soll ein Raum nicht nur als Büro, sondern gleichzeitig als Gäste- oder Eßzimmer dienen, ist es wichtig, daß er

unterteilt werden kann und daß das Mobiliar auf ein Minimum beschränkt wird. Als Raumteiler bieten sich neben Paravents auch Schlafsofas und mobile Möbel an. Geräumige Schränke können die notwendige Technologie aufnehmen und zusätzlich mit herausklapp- oder herausziehbaren Arbeitsflächen versehen werden. Stellen Sie sicher, daß Ihr Arbeitsmaterial am Abend unauffällig verstaut werden oder – besser noch – ganz aus dem Blickfeld verschwinden kann, damit Ihr Arbeitsalltag nicht in Ihre Freizeit hineinreicht.

Eine gute Beleuchtung und bequeme Sitzmöbel sind von großer Bedeutung. Ein ergonomischer Schreibtischstuhl beugt Rückenproblemen vor und macht den Arbeitstag ein wenig komfortabler. Versuchen Sie, den Schreibtisch so zu positionieren, daß Sie das Tageslicht optimal ausnutzen. Das kann Sie aufmuntern, wenn Sie mit der Arbeit nicht so recht weiterkommen oder die zu erledigenden Aufgaben langweilig sind. Manche Leute halten es für

keine gute Idee, den Schreibtisch direkt vor ein Fenster zu stellen, da sie die Ablenkung durch äußere Reize fürchten, andere sind der Ansicht, ein wenig Abwechslung zwischendurch tue sogar gut.

Das Arbeitszimmer ist der Raum, in dem sich funktionaler und traditioneller Stil meist gut kombinieren lassen, wobei die Funktion den Stil vorgeben sollte. Stahlaktenschränke und Metallregale auf Rollen sind neben einem Planschrank aus Holz oder einer Eichenvitrine durchaus nicht fehl am Platz. Die Dekoration des Raums sollte möglichst neutral sein: Holz und Metall machen sich gut, ebenso die Farben Weiß und Elfenbein. In puncto

In einer Umgebung, in der es sehr auf Ordnung ankommt, sollte die Funktion den Stil diktieren

Aufbewahrung sollten Sie auch an kleinere Elemente denken wie Schubladenschränke auf Rollen, Weidenkörbe und Ordnungshelfer aus Pappe, in denen sich Papierkram gut verstauen läßt.

In einer Umgebung, die nicht den ständigen sozialen Kontakt gewährt wie ein normales Büro, sind eine Vase mit Ihren Lieblingsblumen oder andere persönliche Gegenstände wichtig. Wenn Sie mit Ihrer eigenen Gesellschaft auskommen müssen, sollten Sie zwischendurch Abwechslung haben. Versüßen Sie sich die Mittagspause mit Musik, privaten Telefongesprächen oder dem Training auf einem Heimfahrrad.

Seinem Beruf nicht im Büro, sondern in den eigenen vier Wänden nachzugehen liegt im Trend der Zeit. Daher werden heute bei der Planung von Häusern oft von vornherein zusätzliche Fenster, Telefonanschlüsse und Steckdosen für Computer vorgesehen. Wichtig ist aber auch ein gutes Raumkonzept. Je nachdem, welcher Tätigkeit Sie nachgehen, benötigen Sie Referenzmaterial und Geräte oder einen Bereich, in dem Sie Kunden empfangen können. Auch wenn wenig Platz zur Verfügung steht – ein Computer, ein bequemer Stuhl sowie ein Schreibtisch und Regale sind unerläßlich. Nutzen Sie die Wandflächen bis unter die Decke. Variable Regalsysteme können von Zeitschriften und Akten bis zu übergroßen Büchern alles aufnehmen. Für Schreibutensilien eignen sich in Bürocontainer oder Schranksysteme integrierte Schubladen. Wenn Sie zu jenen Leuten gehören, die nur mit akustischer Untermalung arbeiten können, sorgen Sie für ein Radio oder eine Stereoanlage. Sollte die Küche weit entfernt sein, können ein kleines Waschbecken und ein Wasserkocher sinnvoll sein – besonders, wenn Sie oft Kundenbesuch haben.

Gut ge-
ordnet

Links Das große Fenster stellt eine Verbindung zur Außenwelt her.

Unten Halten Sie elegante Gläser für den Fall bereit, daß Kunden zu Besuch kommen.

Rechts Variable Regale bieten Platz für Bücher aller Größen. Stellen Sie die am seltensten gebrauchten ganz nach oben.

Das Büro zu Hause

Stauraum nach Maß

Die Schreibecke

Diese Seite Die Weidenkörbe im Regal bergen Papiere, ein alter Nähmaschinentisch ergibt einen unkonventionellen Schreibplatz, und der restaurierte Planschrank bietet viel Stauraum.

S. 81 oben rechts Hier wurde eine ganze Wand für Arbeitsutensilien reserviert.

S. 81 unten links Viel Tageslicht fällt auf diesen Schreibtisch, hinter dem für eine entspannende Pause ein Klavier steht.

S. 81 unten Mitte Flache Schubladen sind ideal für Großformate.

S. 81 unten rechts Klappstühle lassen sich einfach verstauen.

Nicht alle häuslichen Arbeitszimmer müssen klar strukturierte Einheiten sein. Ein kleines Büro, ein Ort für Kreativität oder ein Platz zum Nachdenken läßt sich in jeder Ecke einrichten. Ein einzelnes, markantes Möbelstück kann dabei den Ton angeben – vielleicht ein Planschrank, eine Kommode mit tiefen Schubladen oder ein einfacher Tisch. Für den Anfang benötigen Sie nicht viel.

Die Wände eignen sich meist am besten, um Stauraum zu schaffen. Regale für Kleinkram und Bücher, Fächer für Stoffe, Handwerksmaterial oder Schreibutensilien, Metallregale für CDs und Pflanzen – all das erfüllt seinen Zweck. Falls nur ein wenig Platz für eine Schreibecke auf Zeit zur Verfügung steht, versuchen Sie es mit einem Klapptisch unter einem

Hängeschrank oder einem Sekretär. Stellen Sie eine kleine Holzkiste auf ein dekoratives Möbelstück, um Ihre Arbeitsgeräte unterzubringen. Verwenden Sie außergewöhnliche Behälter für weniger hübsche Dinge. Körbe, Metallwagen, alte Truhen und mobile Schränke bieten viel Stauraum und geben einem Zimmer seinen ganz eigenen Charakter.

Stauraum nach Maß

Wenig Platz, viel verstaut

Wenn man zu Hause arbeitet, ist es wichtig, sich von den häuslichen Dingen freizumachen und in einen Raum entfliehen zu können, wo der Geist schöpferisch und produktiv sein kann. Stauraum spielt bei der Schaffung der richtigen Atmosphäre eine bedeutende Rolle. Das hier vorgestellte minimalistische Konzept dient mehreren Zwecken. Ein einfacher Schreibplatz mit nur der notwendigsten Ausstattung – Computer, Schreibutensilien, Telefon und Fax – erlaubt ein effizientes Arbeiten und wirkt trotzdem nicht bedrückend. Ein Leuchttisch und große Schachteln für Papierkram und anderen unansehnlichen Krempel stehen in einem beweglichen Metallregal, das flexibel ist und den Raum nicht erschlägt. In dieser Umgebung gibt es nichts, was die Konzentration beeinträchtigen könnte, gleichzeitig ist noch Platz vorhanden, falls das Büro irgendwann expandieren sollte.

Sofern Steckdosen und Telefonanschlüsse vorhanden sind, ist ein Treppenabsatz ein guter Ort, um ein kleines Büro zu installieren. Gegebenenfalls können Schränke unter den Treppen entfernt werden, um einen Arbeitsplatz zu schaffen. Wenn Sie einen Laptop haben oder der Computer auf einem eigenen rollbaren Tisch steht, können Sie weiteren Platz sparen, indem Sie als Schreibtisch eine Konstruktion wählen, die sich zusammenklappen läßt, wenn sie nicht benötigt wird.

Links Klappstühle aus Plexiglas sind unauffällige und zugleich sehr praktische Sitzmöbel.

Rechts Die einfache Botschaft dieses Büros lautet: Effizienz.

Stauraum nach Maß

Raum für Kreativität

Links Vermeiden Sie den verzweifelten Ruf „Hat jemand meine Schere gesehen?", indem Sie diese direkt am Arbeitsplatz aufhängen.

Rechts Numerierte Fächer sind ideal, um Kleinteile zu verstauen.

S. 85 oben Mitte **Auf einer weißen Wand angebrachte Pappen bilden einen schönen Hintergrund für Fotos und Reiseandenken.**

S. 85 oben rechts **Ein kleiner Metallkübel ist ein idealer Behälter für Pinsel. Am besten hängt man ihn an die Wand, dann kann er nicht umgestoßen werden.**

Unten Eine schlichte Metalldose mit verschiedenfarbigen Stiften ist ein hübscher Blickfang auf dem Schreibtisch.

In einem Raum, in dem Sie kreativ sein wollen, gilt es meist, unterschiedliche Dinge nebeneinander sicher und trotzdem griffbereit aufzubewahren. Verwenden Sie ungewöhnliche Behälter, um Alltagsgegenstände zu verstauen – und umgekehrt. Blechdosen mit vielen Pinseln oder Stiften sehen hübsch aus. Gleiches gilt für Gläser, die mit Knöpfen oder Muscheln gefüllt wurden. In Schuhkartons, auf die man zur Identifikation nicht Etiketten, sondern Stofffetzen klebt, kann man Nähutensilien aufbewahren.

Ob ein Arbeitsraum einem Hobby vorbehalten ist oder ob man darin einen kreativen Beruf wie Grafiker oder Modedesigner ausübt, stets spielt die Aufbewahrung und Präsentation von Objekten, die der Anregung dienen, eine wichtige Rolle. Reservieren Sie also genügend Platz für Inspirationsquellen! Außerdem sollten Sie auch geeignete Stauflächen für fertige Werke vorsehen, zum Beispiel in Planschränken.

Das Büro auf der Galerie

Wohnungen in ehemaligen Fabrikgebäuden oder Altbauten haben oft sehr hohe Decken. Das sollte man sich zunutze machen. Dieses Büro liegt auf einer Galerie, von der aus man in das darunterliegende Wohnzimmer blicken kann. Um Ablenkung zu vermeiden, wurde am Geländer eine Metallverkleidung angebracht.

Sorgfältig geplant, kann ein kompaktes Büro ergonomischer funktionieren als ein Arbeitsplatz in einem großen Zimmer, in dem alles nach Belieben einfach irgendwo hingestellt wird. Auf so kleinem Raum wie hier bedeutet Organisation alles. Der Schreibtisch steht neben zwei Rollcontainern – mehr Stellfläche war nicht vorhanden, aber sie reicht vollkommen aus.

Auch ein Zimmer mit schwierigem Grundriß erfüllt die Anforderungen an ein häusliches Büro, wenn Sie die Arbeitsplatte so zuschneiden, daß sie der Kontur des Raums entspricht oder in eine Ecke paßt.

S. 86 **Computer, Telefon, Fax und Aktenablage sind in diesem kompakten Büro vom Schreibtisch aus gut erreichbar.**

Oben rechts **In der Nähe des Druckers darf ein Papierkorb nicht fehlen.**

Mitte rechts **Metallregale schaffen eine professionelle Arbeitsatmosphäre.**

Unten rechts **Flache Pappschubladen sind ideale Ordnungshelfer für Papiere jeder Art.**

Süße Träume für
›aufgeräumte‹ Naturen

Schlafzimmer

Stauraum nach Maß

Das Schlafzimmer wird in der Regel als der Raum angesehen, in dem wir fast nichts anderes tun als schlafen. Nichtsdestotrotz ist es der Ort, an dem der Mensch ein Drittel seines Lebens verbringt. Sinn für Ordnung und Ästhetik ist hier für das Wohlbefinden daher besonders wichtig. Sensible Architekten, Feng Shui-Jünger und Anhänger eines natürlichen Einrichtungsstils sind sich darin einig, daß ein Schlafzimmer ein Gefühl von Weite vermitteln und mit Naturmaterialien, adäquaten Aufbewahrungssystemen und guten Lichtquellen ausgestattet sein sollte, damit es ein Ort der Ruhe, Entspannung und Regeneration sein kann.

Im Schlafzimmer sammeln sich die verschiedensten Gegenstände an. Oft ist es ein Abladeplatz für all jene Dinge, die man nirgendwo anders unterbringen kann, wie Musikinstrumente, Fitnessgeräte oder Bücher, die in die Regale der anderen Zimmer nicht mehr passen. Außerdem muß zusätzlich zu diesem eher zufällig anfallenden Inventar Platz für Kleidung, Schuhe, Accessoires, Toilettenartikel und Bettwäsche vorhanden sein.

Das Bett sollte sowohl im Hinblick auf Stauraum als auch auf Stil ausgesucht werden, denn als dominierendes Element im Raum bestimmt es maßgeblich dessen Ästhetik. In Zimmern mit hohen Decken kann ein Hochbett, unter dem sich Stauflächen oder ein Arbeitsplatz befinden, mehrere Platzprobleme auf einmal lösen. Schlafstätte kann ein einfacher, in eine Nische gesetzter Lattenrost sein, unter und über dem sich Stauraum befindet, oder eine extravagante schmiedeeiserne Antiquität, unter der stoffbespannte Schubladen auf Rollen Platz für Schuhe bieten. Anders als zu Zeiten als man nur sein Geld unter der Matratze hortete, gibt es heute für die Fläche unter dem Bett die unterschiedlichsten Aufbewahrungslösungen. Maßgefertigte Bettkästen, flache Körbe und mobile Plastikboxen mit Deckel bieten Raum für Bettücher, Sportgeräte und anderes.

Das Schlafzimmer sollte eine Oase der Ruhe sein – ein Ort, an dem es leichtfällt, sich zu entspannen und zu erholen

förmige Kästen auf Rollen bieten nicht nur Stauraum, sondern auch Stellfläche – schließlich ist es viel schöner, vom Bett aus auf eine Vase mit Blumen oder einen Stapel guter Bücher zu schauen, als auf einen Haufen Schmutzwäsche oder die Zeitung vom Vortag. Auch für die übrigen Seiten des Bettes gibt es Stauraumlösungen: Sie können Schränke über dem Kopfende plazieren und zu beiden Seiten, oder Sie setzen das Bett in einen Alkoven und montieren Regale darüber. Eine andere Möglichkeit besteht darin, ein Bett mit Nachttischen zu wählen, die wie organisch geformte Ausleger zu beiden Seiten in das Gestell integriert sind.

Ist das Bett ausgewählt und aufgestellt, gilt es, den Bereich am Fußende sinnvoll zu nutzen. Wäschetruhen, Schuhständer aus Holz und würfel-

Von den Shakern, einer religiösen Gemeinschaft, die sich im 18. Jh. an der Ostküste der USA ansiedelte, kann man für die Aufbewahrung viel lernen. Ihre Lebensweise war sehr einfach, und jedes ihrer Besitztümer hatte einen bestimmten Platz in einem der

Welchen Stil das Bett auch haben mag, es sollte viele variable Aufbewahrungsmöglichkeiten bieten

liebevoll aus Holz gefertigten Schränke, deren Proportionen mit Bedacht gewählt waren. Die Shaker gehörten auch zu den ersten, die Einbauschränke herstellten. Der Shaker-Stil spielt heute immer noch eine wichtige Rolle. Das läßt sich vor allem damit erklären, daß in einer Welt, in der Konsum zur Obsession geworden ist und Besitz schnell zum Überfluß wird, die Sehnsucht nach einem einfacheren Leben zwangsläufig zunimmt.

Im Schlafzimmer hat die Aufbewahrung von Kleidung die höchste Priorität. Beginnen Sie mit dem erwähnten schonungslosen Aussortieren, und machen Sie Stapel für die Kleidersammlung oder den Mülleimer. Denken Sie dann darüber nach, wie Sie die übriggebliebenen Sachen verstauen wollen. Wenn Sie längere Zeit an einem Ort bleiben, sind Einbauschränke die beste Lösung, denn sie sparen Stellfläche und bieten innen ein gutes Organisationssystem. Sortieren Sie Ihre Kleidung nach der Größe, und rechnen Sie aus, wieviel Raum Sie zum Aufhängen und Hinlegen benötigen. Kaufen oder bauen Sie anschließend entsprechende Elemente. Mit Krawattenhaltern und speziellen Schubladen für Schals, Socken und Schmuck können Sie den Platz in den Schränken optimieren. Schuhe machen sich gut auf Ständern oder schön aufgereiht in Schubladen. Vergessen Sie nicht, daß die Menge an Kleidung sowohl zunehmen als auch abnehmen kann. Sehen Sie deshalb so viele Stangen und Fächer vor, wie notwendig sind, und fügen Sie dann noch einige hinzu. Berechnen Sie Ihren Bedarf für die Aufhängung mit 100 cm Breite für Jacken und Hemden und 60 cm für Mäntel und Kleider. Lassen Sie Raum für Sperriges wie Hutschachteln und die Sportausrüstung. Gute Anregungen für die Aufbewahrung von Kleidung bekommen Sie zum Beispiel in Bekleidungsgeschäften.

Mancher zieht eine flexible Lösung einem Einbauschrank vor. Oberteile bleiben auch knitterfrei und vor Staub geschützt, wenn man sie zusammenlegt oder -rollt und in einer Tasche mit Reißverschluß, einem Pappkarton oder einer Plastikbox verstaut. Man kann in einer Nische eine Kleiderstange anbringen und darunter für die Aufbewahrung von Pullovern und Hosen große Plastikmülltonnen oder Rollcontainer stellen. Verstecken Sie den Bereich hinter einem Vorhang, und erfreuen Sie sich an der Tatsache, daß sich auch ohne absolute Präzision Ordnung halten läßt. Alte Wäscheschränke, Kommoden und Anrichten können ebenfalls der Aufbewahrung von Kleidung dienen.

Mobile Kleiderständer und maßgeschneiderte Kommoden – nie war Aufbewahrung pfiffiger

Die Wahl zwischen freistehenden und eingebauten Möbeln fällt leichter, wenn es um ein Zimmer mit ungewöhnlichen Proportionen, einen sehr kleinen oder einen multifunktionalen Raum geht, wo sich bestimmte Ideen für die Aufbewahrung von selbst ergeben.

Stauraum nach Maß

Oben Dieser Schrank ist innen in verschiedene Bereiche unterteilt. Genau so viele Fächer wie nötig stehen für Hosen, Jacken und gebügelte Hemden zur Verfügung. Außerdem ist eine geräumige Schublade für Pullover und eine Ablage für Manschettenknöpfe und Gürtel vorhanden.

Rechts Für viele Leute ist ein begehbarer Schrank oder ein Ankleideraum mit sehr viel Stauraum das Nonplusultra. Mit seinen Stangen zum Aufhängen von Kleidern, Röcken, Hemden und Jacketts sowie den offenen Fächern für Pullover und andere Oberteile erinnert der Ankleidebereich an die Einrichtung in einer Boutique. Schuhregale runden das Ganze ab. Man sieht schnell, was sich wo befindet.

S. 93 Viel Licht ist wichtig, um die Kleidung begutachten zu können, bevor man sie anzieht.

Gefaltet oder aufgehängt

Kleidung bleibt nie lange an einem Ort. Ihre Reise von der Besitzerin oder dem Besitzer in den Wäschekorb oder zurück in den Schrank verläuft problemloser, wenn man dem Sortieren und Aufbewahren jeweils einen bestimmten Platz zuweist. Etwas zum Anziehen herauszusuchen, das Kleidungsstück auf Flecken und Falten hin zu prüfen, dann zu tragen und schließlich zu waschen und wieder aufzuhängen wird so zu einem effizienten Prozeß. Ein Ankleidebereich kann zum Beispiel an einem Zimmerende oder hinter einer künstlichen Wand am Bettende eingerichtet werden. Stehen hier Fächer für Oberteile, Stangen zum Aufhängen von Anzügen und Kleidern sowie Schubladen für Accessoires und Unterwäsche zur Verfügung, fällt es leicht, Ordnung zu halten.

Diese Seite **Gerüststangen**, die um das Bett herum gebaut wurden, vermitteln den Eindruck von Geschlossenheit. Befestigt man Vorhänge an ihnen, entsteht ein idealer Rückzugsort. Die Rohre können sogar als Kleiderstangen fungieren. Die Leiter, mit der man höher gelegenen Stauraum erreicht, dient zuweilen als Bücherablage und wird auf diese Weise zu einem eigenen Kunstobjekt.

S. 95 oben rechts **Bewahren Sie Fotos und andere persönliche Dinge in stapelbaren Boxen auf,** sie wirken beruhigend auf das Auge.

S. 95 unten **In einem unkonventionellen Raum werden ästhetisch ansprechende Dinge wie schöne Bücher und Decken** schnell zu dekorativen Elementen.

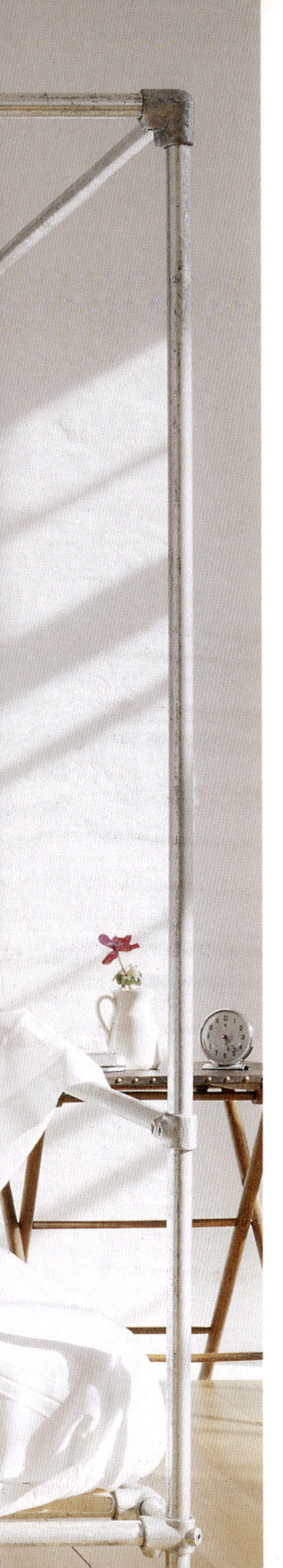

Der variable Schlafplatz

Betten mit einer Umrandung, sei es aus Gerüststangen, Balken oder Bettpfosten im Shaker-Stil, aber auch ausgemusterte Krankenhausbetten bieten viele Möglichkeiten, Kleidung und persönliche Habe zu verstauen und gleichzeitig einen optischen Akzent zu setzen. Versehen Sie das Bettgestell mit Rollen, damit Sie es verschieben können, wenn Ihnen der Sinn danach steht. Ein solches Gegenstück zur traditionellen, von passenden Schränken und Regalen umgebenen Schlafstätte erlaubt ein Maximum an Flexibilität und eine individuelle Nutzung von Licht und Raum.

Die Aufbewahrung von Schuhen, selten getragener Kleidung, Bettwäsche, Sportzubehör und dergleichen in Schachteln, Taschen und Metallkoffern unter dem Bett kann durchaus dekorativ sein. Die Behälter müssen allerdings fest verschlossen sein, damit der Inhalt nicht einstaubt. Große, bewegliche Aufbewahrungsboxen eignen sich besser als kleinere Schach-

teln, da sie beim Saubermachen viel leichter unter dem Bett hervorzuziehen sind.

Nachttische können ebenfalls beweglich, klappbar und multifunktional sein. Ein Klapptisch läßt sich, wenn nötig, schnell in ein anderes Zimmer bringen, und wenn Sie sich am Wochenende ein Frühstück im Bett gönnen wollen, können Sie alles, was dafür nötig ist, darauf plazieren. Kleine Rollcontainer aus Holz, Plexiglas oder Plastik sind eine gute, vielseitige Alternative zur herkömmlichen Nachtkonsole.

Stauraum nach Maß

Links Manchmal genügt ein großer, tiefer Kleiderschrank für die ganze Garderobe.

Unten Schwenkbare Kästen sparen Platz. Sie können alle gleichzeitig geöffnet sein, wenn man etwas sucht.

Ganz unten Sorgfältig aufbewahrt, halten Schuhe länger.

S. 96/97 Türen, so dick wie bei einem Safe, öffnen sich und enthüllen ein sorgfältig durchdachtes Aufbewahrungssystem.

Kleidung clever aufbewahren

Wenn Sie Ihre Garderobe gesichtet und altmodische oder abgetragene Kleidung aussortiert haben, lohnt sich vielleicht die Anschaffung eines Möbelstücks, das genau auf Ihre Bedürfnisse zugeschnitten ist. Dieser Schrank enthüllt in seinem Inneren ein ausgeklügeltes Aufbewahrungssystem für Kleidung. Lampen beleuchten Anzüge, Jacketts und Hosen, Schubladen mit Glasfront enthalten nach Farben sortierte Hemden, und die Krawatten sind so aufgehängt, daß man das Muster sehen kann. Es gibt tiefe Schubladen für Pullover und schwenkbare Kästen in den Schranktüren für Manschettenknöpfe, Brillen und Brieftaschen. In dem großen Spiegel kann man einen abschließenden Blick auf die Eleganz werfen, die ganz zwangsläufig das Ergebnis eines so durchdachten Ordnungskonzepts ist.

Schlafzimmer

Oben links **Durchsichtige Behälter sind ideal für kleine Dinge wie zum Beispiel Schmuck.**

Oben rechts **Gebügelte Hemden werden am besten gefaltet und in Schubladen aufbewahrt.**

Unten rechts **Gleichartige Dinge zusammenzufassen und ihnen einen gemeinsamen Platz zuzuweisen ist der Schlüssel zur perfekten Ordnung im Kleiderschrank.**

Oben links **In einem speziellen Regal abgestellt, bleiben Schuhe in gutem Zustand.**

Oben Mitte **Für Strümpfe gibt es praktische Schubladeneinsätze.**

Oben rechts **Eine Box mit mehreren Schubladen ist ideal für Schmuck.**

Unten links **Die winzigen Unterteilungen ermöglichen es, Kosmetika so aufzubewahren, daß man den Überblick behält.**

Unten rechts **So läßt sich leicht zwischen verschiedenen Gürteln wählen.**

Stauraum nach Maß

Diese Seite Eine vielseitige Schrankwand ist als Stauraum ein wahrer Segen. Wie könnte man nicht Ordnung halten bei so einer Vielfalt an Schubladen, Kleiderstangen und Fächern?

S. 101 Ein elegantes Schranksystem, das vom Boden bis zur Decke reicht, bietet viel Raum zum Aufhängen von Kleidung, zahlreiche Fächer und an einer Seite Platz für Schuhe. Schöne Griffe akzentuieren die Fläche.

Alles an seinem Platz

Oben Geräumige Körbe mit Kleinkram bilden eine dekorative Reihe.

Links Wäschekörbe hinter einer Spitzengardine verbreiten ländliches Flair.

Rechts Die Kommode im Stil einer Ladeneinrichtung bietet Stauraum mit Durchblick.

S. 103 oben links Hübsche Boxen auf dem Schrank bergen Winterkleidung.

S. 103 oben rechts Ein Koffer ist ideal für selten benötigte Dinge.

Aus den Augen, aus dem Sinn

Wenn ein reglementierendes Einbausystem nicht das Richtige für Sie ist, experimentieren Sie mit freistehenden Möbelstücken und flexibel verwendbaren Behältern. Solange Sie genug Platz haben, um all Ihre Habe unterzubringen, stellt sich ganz von selbst eine Ordnung ein. Von der Wäschetruhe über den Blechkoffer bis hin zu Lamellenschränken gibt es eine große Auswahl an mobilen Aufbewahrungselementen.

In Körben unter dem Bett lassen sich Haartrockner und andere häßliche, aber häufig gebrauchte Gegenstände verstauen. Wenn ein Behälter eine durchsichtige Abdeckung hat, kann man seinen Inhalt leichter erkennen oder zumindest sehen, was als letztes hineingetan wurde.

Stauraum nach Maß

Ruhe, Symmetrie und Ausgewogenheit beherrschen dieses Zimmer im modernen Ethno-Stil. Materialien und Texturen wurden sorgfältig ausgewählt, und die Möbel schaffen eine Atmosphäre kreativer Übersichtlichkeit. Die durchdachte Farbgebung sorgt dafür, daß die erdigen Töne unauffällig ineinander übergehen. Auch die Einbauschränke fügen sich harmonisch in das Farbkonzept. Als Nachttische dienen elegante Würfel. Ihre rechten Winkel wiederholen sich überall im Raum – bis hin zu den Türgriffen am Kleiderschrank.

Ton in Ton

Links **Möbeldesigner kreieren heute Aufbewahrungselemente, die sich in den Raum einfügen, anstatt aufzufallen.**

Diese Seite **Hinter einem Wanddurchbruch befindet sich ein schlichter Ankleidebereich.**

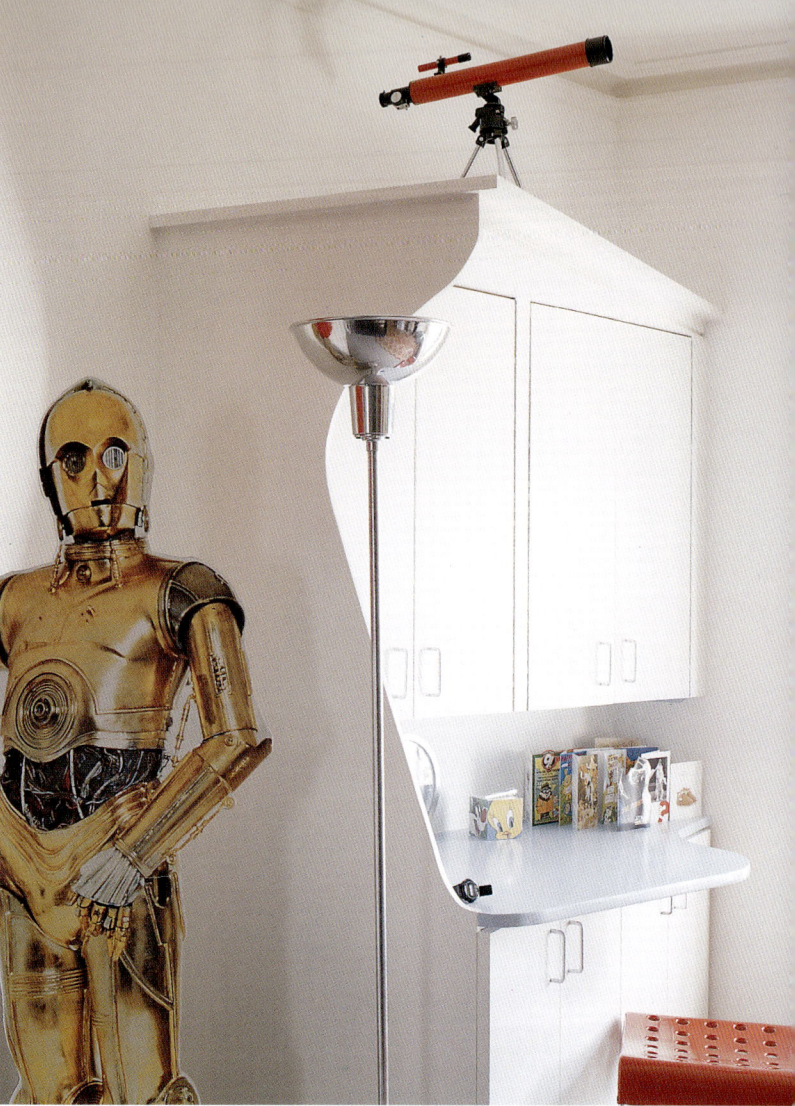

Spielsachen, Kleidung und all die anderen Dinge, die sich im Kinderzimmer in atemberaubendem Tempo ansammeln, ordentlich aufzubewahren, ist eine große Herausforderung. Viele Eltern halten diese Aufgabe von vornherein für unlösbar, andere versuchen, von den Büchern über das Sammelsurium an Konstruktionsspielzeug bis hin zu unvollständigen Puzzles alles in eine genaue Ordnung zu bringen.

Schränke mit Unterteilungen, Kisten, Schubladen und Tische tragen dazu bei, daß Kinder Gefallen daran finden, selbst aufzuräumen, und stolz auf ihr Zimmer sind. Sie müssen nicht unbedingt den ultimativen Stauraum für die Puppenkleider oder das Teddy-Krankenhaus schaffen, oft genügen einfache Lösungen: Etagen- und Hochbetten können meist so gebaut werden, daß sich Arbeitstische, Lampen, Bücherregale und weitere Stauflächen integrieren lassen. Unter Einzelbetten kann man Bettkästen oder flache Körbe für Spielzeug schieben. An Wandhaken können die Kinder ihre Beutel mit Ballett- oder Fußballsachen hängen, und fest montierte Plastikbehälter eignen sich, um Kleinkram wie Haarbänder und Spielfiguren zu verstauen. Sollen größere Spielsachen abends schnell aus dem Blickfeld verschwinden, sind Boxen auf Rollen ideal. Auch kleine Hängematten für Plüschtiere und rollbare Kleiderständer helfen, ohne großen Aufwand Ordnung zu halten.

S. 106 links **Ein maßgerecht gebautes Etagenbett ist mit seiner Leiter, dem Sicherheitsgeländer, Bücherregalen und Unterschränken ein wahrlich multifunktionales Möbelstück.**

S. 106 rechts **Eine ruhig wirkende Einheit aus Schränken mit viel Stauraum und einer formschönen Tischplatte bildet den Schreibplatz.**

Links **Das geometrische Muster des Kleiderschranks wiederholt sich in den hölzernen Spielzeugkisten auf Rollen, die Eltern und Kindern gleichermaßen gefallen.**

Unten **An der Wand befestigte farbige Behälter aus Plastik sind praktisch und hübsch anzusehen.**

Ordnung im Spielzimmer

Schlafzimmer

Erfrischt, erholt

und fit für den Tag

Badezimmer

Stauraum nach Maß

Im Badezimmer stehen Sauberkeit und Hygiene im Vordergrund. Blasse Farben, weiche Textilien und natürliche Materialien sind für die Gestaltung dieses Raumes besonders geeignet. Vermeiden Sie Durcheinander, um eine beruhigende Atmosphäre zu gewährleisten, die der Regeneration von Körper und Geist förderlich ist.

Sind Toilette und Waschbecken, sowie Dusche oder Wanne installiert, gilt es nur noch, den verbleibenden Platz so zu nutzen, daß der Stil des Raumes unterstrichen und die größtmögliche Effizienz für die tägliche Körperpflege erreicht wird. Ein großer Teil der Dinge, die man im Bad benötigt, ist optisch wenig ansprechend und sollte besser in Einbauschränken, flexiblen Elementen oder hinter naturfarbenen Vorhängen verstaut werden. Satiniertes Glas, Birkenholz, weiße Kacheln und andere schlichte Materialien verleihen Schranktüren, Badewannenumrandungen und Spritzschutzwänden ein sauberes, hygienisches Aussehen.

Viele Badezimmer sind sehr klein und lassen die Aufbewahrung von Wäschekorb und Handtüchern, Toilettenartikeln und Medikamenten zu einer echten Herausforderung werden. Wie in der Küche gilt auch hier: Je weniger Platz vorhanden ist, desto mehr profitieren Sie von Einbauelementen. Sehr praktisch ist ein Schrank unter dem Waschbecken, in dem man alle Reinigungsmittel aufbewahren kann. Steht die Badewanne in einer Nische, lassen sich darüber Regale und zu beiden Seiten Schränke plazieren.

Medikamente, giftige Reinigungsmittel und scharfe Gegenstände sollten grundsätzlich in einem verschließbaren Schränkchen – mit oder ohne Spiegel – außerhalb der Reichweite von Kindern aufbewahrt werden. Eine ganze Reihe von Toilettenartikeln werden in schön gestylten Fläschchen und Döschen verkauft. Sie machen sich gut in schmalen Regalen, die man mit einer U-Profilschiene an der Wand anbringen kann.

In einem kleinen Badezimmer empfindet man den Platzmangel sofort als weniger bedeutsam, wenn die Handtücher von guter Qualität sind und eine schöne Farbe haben. Schaumbad-, Duschgel-, und Schampooflaschen sehen gleich viel besser aus, wenn sie nicht mit Preis- und Werbeetiketten vollgeklebt sind. Seife, Rasierutensilien, Zahnpasta und Watte können in originellen Behältern aufgehoben werden. Kaufen Sie formschöne Seifenstücke – in Draht- oder Weidenkörbchen, Glasschüsseln oder Metallschalen sind sie hübsch anzusehen.

Wenn im Badezimmer Platz für einen Stuhl ist, sollten Sie ein Modell wählen, bei dem man den Sitz hochklappen und den Raum darunter gleichzeitig als Wäschekorb oder als Aufbewahrungsort für saubere Handtücher nutzen kann. Sie können aber auch ein Regal an die Rückseite des Stuhls hängen – als Staufläche für Spielsachen, Bürsten oder Toilettenpapier. In einem kleinen Raum ist ein Klappstuhl oder -hocker ein Gewinn. Wird er nicht gebraucht, läßt er sich hinter der Tür verstauen. In größeren Bädern kann man niedrige Schränke nebeneinander stellen und Kissen darauf legen, so

> **Ein Bad sollte mehr sein als ein Raum, in dem man sich wäscht. Es sollte ein Ort sein, an dem sich die Sinne beleben**

Schaffen Sie Platz für die Dinge, mit denen Sie sich nach einem langen Tag verwöhnen möchten

entsteht eine gemütliche Bank. Bringen Sie in der Nähe des WCs ein Regal für Bücher, Zeitschriften und Zeitungen an.

Im Badezimmer sind Glasregale besonders dekorativ, da sie das Licht, das von Spiegeln und Armaturen zurückgeworfen wird, ihrerseits reflektieren. Sie können aber auch ganz auf Regale verzichten und statt dessen eine Reihe Haken an der Wand anbringen – zwei Haken für jedes Familienmitglied: einer für Handtücher und einer für persönliche Toilettenartikel. An zusätzlichen Haken an der Tür können die Bademäntel trocknen. Hängen Sie Handtücher entweder an freistehende Ständer, an festmontierte Handtuchhalter oder auf beheizte Chromstangen. Was immer Sie wählen, achten Sie aus ergonomischen Gründen darauf, daß die Handtücher vom Waschbecken, der Badewanne oder der Dusche aus gut zu erreichen sind.

In der Dusche bietet ein rostfreies Metallregal Platz für Duschgel, Shampoo und Seife. In der Badewanne erfüllt ein spezieller Ablagekorb den gleichen Zweck. Stellen Sie einen Buchständer darauf, ein Glas Wein und eine Duftkerze – und schon haben Sie alles, was man für ein erholsames Bad am Abend braucht. Das Badezimmer ist auch der ideale Ort für einen Frisiertisch und einen bis zum Boden reichenden Spiegel.

Günstig ist es, wenn ein Raum an das Bad grenzt oder sich anbauen läßt, in dem Waschmaschine und Trockner untergebracht werden können. Das sorgt bei der Wäsche für kurze, schnelle Wege: Im Bad ausgezogen, wandert die Kleidung in den Wäschekorb und von dort in die Waschmaschine. Wenn Sie dann noch Wäscheleinen über der Badewanne anbringen, ist für ergonomische Arbeitsabläufe gesorgt. Außerdem verteilt sich die Wäsche auf diese Weise nicht über mehrere Zimmer. Um Stellfläche zu sparen, kann man Waschmaschine und Wäschetrockner übereinander stellen und beides hinter Schranktüren verbergen. Dort können auch ein herausklappbares Bügelbrett und Putzzeug ebenso wie Körbe zum Sortieren der Wäsche und der Stapel trockene Bügelwäsche untergebracht werden. Versehen Sie den Wäschekorb mit einem herausnehmbaren Einsatz, damit der Transport der Schmutzwäsche zur Waschmaschine schneller und einfacher vonstatten geht. Auf dem Rückweg kann man den Einsatz mit Bügelwäsche füllen. Als moderne Alternative bietet sich ein hübscher Wäschesack aus Stoff an, der in ein rollbares Metallgestell eingehängt wird und leicht von Raum zu Raum geschoben werden kann, wenn man die schmutzige Wäsche einsammelt.

Hübsche Flaschen und dekorative Seifen – im Badezimmer entfalten Details eine große Wirkung

Das Badezimmer ist der naheliegende Aufbewahrungsort für gesammelte Schätze, die mit Wasser zu tun haben. Fossilien, Modellschiffchen und hübsche Muscheln lassen sich in den Regalen zu wundervollen Meeresstilleben zusammenstellen. Glattgeschliffene Glasstückchen oder Steine in einem durchsichtigen Gefäß können uns für einige Augenblicke ans Meer versetzen.

Empfindliche Holzoberflächen im Badezimmer sollten mehrmals sorgfältig mit mattem Lack gestrichen werden, um zu verhindern, daß Wasserspritzer oder Kondenswasser häßliche Flecken auf ihnen hinterlassen.

Stauraum nach Maß

Links Das offene Regal unter dem Waschbecken lockert den neutral gehaltenen Raum auf.

Rechts Die Körbe aus naturfarbenem und gefärbtem Sisal enthalten die üblichen Badezimmerutensilien. Gleichzeitig bilden sie ein äußerst dekoratives Ensemble.

S. 112/113 Schlanke Wandarmaturen und ein elegantes Glaswaschbecken lassen genügend Bewegungsfreiheit für die tägliche Körperpflege.

Die Kunst der Präsentation

Die Kunst, Übersichtlichkeit zu schaffen, läßt sich kaum besser demonstrieren als in diesem Badezimmer, in dem alles gut verstaut und dennoch sicht- und greifbar ist. So viel Ordnung gibt am Morgen Schwung für den Tag und sorgt am Abend für Ruhe und Entspannung. Die Aufbewahrungsmöglichkeiten bestehen aus einer Kombination von eingebauten und freistehenden Elementen, die alle sehr funktional sind. Nebeneinander aufgereihte Körbe verleihen der neutral gehaltenen Umgebung Farbe und Struktur. In ihnen lagern Utensilien, für die sich sonst nur schwer ein geeigneter Ort finden würde. Der Platz hinter der Tür wird durch ein deckenhohes Regal optimal ausgenutzt.

Schaffen Sie in einem neutralen Badezimmer eine Atmosphäre von Frieden und innerer Harmonie, indem Sie leichte Behälter aus Glas, Plastik oder Porzellan und blütenweiße Handtücher wählen. Auch eine gute Beleuchtung und die richtige Nutzung des vorhandenen Platzes helfen, ein Gefühl von Ruhe zu erzeugen. Verstauen Sie Toilettenartikel, Accessoires und Medizin ordentlich hinter Schranktüren, oder präsentieren Sie sie dezent. So kann der Raum atmen, beruhigen und heilen.

Baden ist eines der oft wiederholten Vergnügen des Lebens, ein Ritual, das die Sinne belebt und hilft, im hektischen Alltag die Balance wiederzufinden. Ein Badezimmer, in dem man sich waschen, pflegen, duschen, baden, abtrocknen und zurechtmachen kann, erfordert neben einer guten Raumaufteilung adäquate Aufbewahrungsmöglichkeiten. Wenig ansehnliche Reinigungsmittel sollten verborgen, hübsche Toilettenartikel und Handtücher dagegen griffbereit verstaut werden.

Sauber, schlicht und luftig

S. 114 links oben **Die Seife wird in einer einfachen Porzellanschale aufbewahrt.**

S. 114 links Mitte **In ein Regal gestellt, haben unauffällige Behälter durchaus Charme.**

S. 114 links unten **Eine saubere Badezimmermatte liegt griffbereit über dem Rand der Badewanne.**

Diese Seite **Ein Badezimmer, in dem alles seinen Platz hat, ist der Inbegriff von Ruhe: Will man eine Atmosphäre der Muße schaffen, gibt es nichts Besseres als naturbelassenes Holz und reines Weiß.**

Rechts oben **Neben dem Waschbecken liegt der Stapel blütenweißer Handtücher griffbereit.**

Rechts unten **Der Wäschekorb im Flur ist sowohl vom Bad als auch vom Waschraum aus gut zu erreichen.**

Badezimmer

Stauraum nach Maß

Dieser Raum – eine kühne Hommage an den High-Tech-Stil – ist Badezimmer, Kleiderschrank und Ankleidebereich in einem. Materialien, die man aus der Arbeitswelt kennt, wie der Gummibodenbelag, die moderne Waschsäule und die Schiebetüren aus mattiertem Glas, wurden mit einem Frisiertisch aus den 30er Jahren und zwei halbkreisförmig aufgehängten, vom Strandleben inspirierten Leinenbahnen kombiniert. Die ›Kabinen‹, von denen

Badevergnügen im High-Tech-Stil

eine mit einer Badewanne, die andere mit einer Dusche ausgestattet ist, bieten Rückzugsmöglichkeiten, ohne den Lichteinfall zu behindern.

S. 116 links **Der Schubladenschrank aus Chrom birgt Toilettenartikel und ist gleichzeitig eine Reflektionsfläche für andere glänzende Gegenstände.**

S. 116/117 **Hinter unaufdringlichen Schiebetüren aus mattiertem Glas verbergen sich Kleiderstangen, Ablagefächer und Schubladen.**

Oben **Neben dem Waschbecken wurde ein schwenkbarer Handtuchhalter angebracht.**

Rechts **Mit Hilfe einer Klappleiter ist die obere Ablage des Kleiderschranks gut zu erreichen. Man kann die Schiebetüren offenlassen und bequem vom Bad aus seine Kleidung auswählen.**

Stauraum nach Maß

S. 118 links **Im richtigen Behälter wirken selbst die unscheinbarsten Dinge malerisch.**

S. 118 rechts oben **Eine Chromstellage mit Henkel ist ideal, um Toilettenartikel dorthin zu tragen, wo man sie gerade benötigt.**

S. 118 rechts unten **Eine ausrangierte Holzbox aus dem medizinischen Bereich ist der ideale Aufbewahrungsort für ein Glas mit Zahnbürsten.**

Links oben **Der Frisiertisch bietet viel Stauraum für Toilettenartikel. Auf der Glasplatte macht sich ein Schmuckkasten aus Plexiglas sehr gut.**

Links unten **Schlicht, nützlich und elegant – die Badewannenablage.**

Rechts oben **Eigentlich sind die buntgestreiften Taschen aus Nylon zum Einkaufen gedacht, doch wer sagt, daß man in ihnen nicht Handtücher aufbewahren kann?**

Rechts unten **Papier im Ethno-Design macht aus Seifen wahre Schmuckstücke, die nicht im Schrank versteckt, sondern an einem geeigneten Platz präsentiert werden sollten.**

Stauraum nach Maß

S. 120 Vom Schlafzimmer aus gelangt man durch Flügeltüren in das Badezimmer. In einem so hellen, klaren Raum wird Baden zu einem geradezu ätherischen Erlebnis.

S. 120/121 Die modernen Plexiglaswürfel erfüllen zwei Funktionen: Sie schützen die Objekte und sind gleichzeitig ideale Schaukästen.

Rechts Handtücher, Kleidung und Kunst – hier, wo Aufbewahrung zugleich Präsentation ist, kann man sie getrost nebeneinander plazieren.

Im Schaukasten

Für die Präsentation von Objekten, die mit Wasser in Verbindung stehen, ist das Badezimmer meist genau der richtige Ort. Hier fällt durch große Fenster Tageslicht in den Raum und verleiht einer Sammlung von fragilen Fossilien und bizarren Gesteinen, die in Plexiglaskästen über dem Waschbecken plaziert wurden, eine Aura der Ruhe. Für die Kästen wurde ein spezielles Fächerregal aus Holz gebaut und in eine Nische integriert, in die man zuvor einen Spiegel gesetzt hatte. Dieser reflektiert das Licht, so daß die Struktur der einzelnen Exponate besonders gut zu erkennen ist. Mit der Sandsteinumrandung am Waschbecken und an der Badewanne wurde ein Bezug zur Sammlung hergestellt und eine hübsche Abstellmöglichkeit für Muscheln, Kieselsteine und ähnliche Dinge geschaffen. Bewahrt man eine Sammlung auf diese Weise auf, hat man sie nicht nur immer vor Augen, sondern gibt einem Raum gleichzeitig auch seine ganz persönliche Note.

Stauraum nach Maß

Bett- und Tischwäsche, Handtücher und Kleidung bleiben nie lange an einem Ort. Sie wandern aus dem Schmutzwäschekorb in die Waschmaschine, in den Trockner, zum Bügeln und zurück in den Schrank, wo der ganze Prozeß von neuem beginnt. Wäschestücke, die häufig gewechselt werden, in jedem Stadium so aufzubewahren, daß sich nicht riesige Stapel türmen, Socken verlorengehen oder der Bügelkorb überquillt, ist eine Wissenschaft für sich. Hilfreich ist es, ins Schlafzimmer sowie neben Waschmaschine und Bügelbrett Körbe zu stellen – eventuell auf Rollen – und immer genügend Bügel in der Nähe bereitzuhalten.

Falten ausbügeln

S. 122 und 123 **Bügeln ist eine weniger lästige Pflicht, wenn Einrichtung und Equipment so schön sind wie in diesem Fall.** In eine ungenutzte Ecke wurde ein Wäscheschrank mit Glasfront gestellt. Er hält besonders zur Ordnung an, denn alles ist jederzeit sichtbar. Unter der Treppe lassen sich vorübergehend Kleidungsstücke aufhängen, und das robuste Bügelbrett aus Kirschholz hat eine ausklappbare Ablage für gebügelte Teile. Der kleine Wäschesack auf einem Rollgestell kann weggeschoben und das Bügelbrett nach der Arbeit neben dem Schrank verstaut werden.

Adressen

Küche & Bad

Allibert
Friesstr. 26
60388 Frankfurt
Tel. 0 69/41 08-0
Fax 0 69/4 10 82 89
Badmöbel, Kunststoffbehälter

Alno
88629 Pfullendorf
Info-Tel. 01 30/21 33
Fax 0 75 52/21 34 00
http://www.alno.de
Einbauküchen

Bulthaup
84153 Aich
Tel. 0 87 41/8 00
Fax 0 87 41/8 03 09
http://www.bulthaup.com
Einbauküchen und Küchenmodule

Leicht
Postfach 60
73548 Waldstetten
Tel. 0 71 71/4 02-0
Fax 0 71 71/40 23 00
http://www.leicht.de
Einbauküchen

Poggenpohl
Postfach 24 55
32014 Herford
Tel. 0 52 21/38 11
Fax 0 52 21/38 13 21
http://www.poggenpohl.de
Einbauküchen

rational
Postfach 11 20
49310 Melle
Tel. 0 52 26/58-0
Fax 0 52 26/5 82 12
http://www.rational.de
Einbauküchen

Villeroy & Boch
Postfach 11 29
66688 Mettlach
Tel. 0 68 64/8 10
Fax 0 68 64/8 11
http://www.villeroy-boch.com
Badmöbel

Möbel

Desalto
Via Per Montesolaro
I-C.P. 94 - 22063 Cantù (CO)
In Deutschland über:
Tel. 0 89/8 56 98 60
In Österreich über:
Tel. 06 64/1 03 27 47
In der Schweiz über:
Tel. 0 62/7 73 23 78
http://www.oma.it/desalto
Rollbare Möbel (Metall und Glas)

Domicil
Bäuerlinshalde 48
888131 Lindau/B.
Tel. 0 83 82/96 20 96
Fax 0 83 82/96 20 99
http://www.domicil.de
Diverse Schranksysteme

Etagair
Bargkoppelweg 60
22145 Hamburg
Tel. 0 40/6 78 40 76
Fax 0 40/6 78 33 73
http://www.etagair.de
High Tech-Stahlregale

Flötotto Einrichtungsversand
33281 Gütersloh
Tel. 0 52 09/5 91 01
Fax 0 52 09/59 11 44
http://www.floetotto.de
Schranksysteme und flexible Module

Habitat
Berliner Allee 15
40212 Düsseldorf
Tel. 02 11/8 65 09 13
Fax 02 11/13 50 14
http://www.habitat.de
*Möbel und Accessoires,
Läden in mehreren Städten*

Hülsta
Info-Service
48702 Stadtlohn
Tel. 0 25 63/86-12 73
Fax 0 25 63/86-14 00
http://www.huelsta.de
Diverse Schranksysteme

IKEA
Tel. 01 80/5 51 52
Fax 01 80/5 35 34 36
Adressen in Deutschland über http://www.ikea.de, in Österreich und der Schweiz über http:/www.ikea.com
Möbel und Accessoires

Interlübke
Ringstr. 145
33378 Rheda-Wiedenbrück
Tel. 0 52 42/1 21
Fax 0 52 42/1 22 06
Schranksysteme

Kare-Design
Zeppelinstr. 16
85748 Garching-Hochbrück
Tel. 0 89/3 20 08 20
Fax 0 89/32 08 21 88
http://www.kare.de
Mobile Möbel (z. B. rollbarer Couchtisch mit Schubladen)

Kettnaker
Bussenstr. 30
88525 Dürmentingen
Tel. 0 73 71/95 93-0
Fax 0 73 71/95 93 20
Diverse Schranksysteme

Klenk Collection
Postfach 11 62
72219 Haiterbach
Tel. 0 74 56/93 82 0
Fax 0 74 56/93 82 40
http://www.klenk-collection.de
Schranksysteme und mobile Möbel

Lundia
Postfach 11 33
23858 Reinfeld
Tel. 0 45 33/70 44-0
Fax 0 45 33/70 44 50
http://www.lundia.de
Einrichtungssysteme aus Fichtenholz

Mobileffe
Italy via Ozanam 4
I-20031 Cesano Maderno
Tel. 00 39/03 62/5 29 41
Fax 00 39/03 62/50 22 12
http://www.mobileffe.com
u. a. begehbare Kleiderschränke

Omnia
Postfach 23 53
32713 Detmold
Tel. 0 52 31/74 30
Fax 0 52 31/74 33 40
http://www.omnia-moebel.de
Massivholz- und Riegelsysteme

Paschen
Stromberger Str. 27
59329 Wadersloh
Tel. 0 25 23/2 80
Fax 0 25 23/10 91
http://www.paschen.de
Aufbewahrungssysteme für Bücher

Poliform
Via Montesanto, 28
I-Inverigo (CO)
Tel. 00 39/0 31/69 51
Fax 00 39/0 31/69 94 44
http://www.poliform.it
u. a. begehbare Kleiderschränke

Shaker Möbel
Geiststr. 50
59302 Oelde
Tel. 0 25 22/96 16 60
Fax 0 25 22/96 16 61
http://www.shaker-furniture-oelde.de
Möbel und Dosen im Stil der Shaker

The Conran Shop
im Stilwerk
Große Elbstr. 68
22767 Hamburg
Tel. 0 40/30 62 11 22
http://www.conran.co.uk
Möbel und Accessoires

Team 7
Postfach 228
A-4910 Ried i. Innkreis

Tel. 00 43/77 52 97 70
Fax 00 43/77 52 97 72 22
Massivholz-Schranksysteme

Tisettanta
via Furlanelli 96
I-20034 Giussano (MI)
Tel. 00 39/03 62/31 91
Fax 00 39/03 62/31 93 00
http://www.tisettanta.com
Schranksysteme z. T. in puristischem Design

Ums Pastoe
Rotsoord 3, Postbus 2152
NL-3500 GD Utrecht
Tel. 00 31/30/2 58 55 55
Fax 00 31/30/2 52 23 40
http://www.pastoe.nl
u. a. Design-Rollschränke

Vifian
Freiburgstr. 32
Ch-3150 Schwarzenburg
Tel. 00 41/31/7 31 11 51
Fax 00 41/3 17 31 27 47
http://www.vifian.ch
Schränke, Vitrinen, Sideboards

WK Wohnen
Postfach 20 03 35
70752 Leinfelden-Echterdingen
Tel. 07 11/9 90 60
Fax 07 11/9 90 62 47
http://www.wk-wohnen.de
Schrankwände, Module

Yellow
Hohe Str. 41–53
50667 Köln
Tel. 02 21/25 13 00
Fax 02 21/25 13 21
http://www.yellow-moebel.de

Schränke, Regale, Kleinmöbel, Boxen, z. T. in flippigem Design, Läden auch in anderen Städten

Kleinmöbel, Körbe und Boxen

Artra
Helleforthstr. 30–38
33758 Schloß Holte
Tel. 0 52 07/91 41-0
Fax 0 52 07/91 41-17
Stoffcontainer, Multifunktionsboxen

Car Selbstbaumöbel
Ellerbrookskamp 4
22397 Hamburg
Tel. 0 40/6 05 00 71
Fax 0 40/6 05 49 36
Module aus Metall und Holz, Körbe

Heine
Windeckstr. 15
76135 Karlsruhe
Service-Tel. 01 80/5 36 36 36
http://www.heine.de
u. a. Unterbettkommoden, Flechtkörbe und Container

Möbelkiste
23823 Schlamersdorf
Tel. 0 45 55/39 5-0
Fax 0 45 55/39 59 93
http://www.moebel-kiste.de
u. a. Regale mit Korbschüben

Rattan Plus Versand
Olsdorfer Landstr. 253
22589 Hamburg
Tel. 0 40/8 00 11 66
Fax 0 40/86 99 84
Rattankommoden und Korbtruhen

WAG
Wiesenweg 10
36419 Geisa/Rhön
Tel. 03 69 67/67 40
Fax 03 69 67/67 42 40
Stapelbare Plastikboxen mit Sichtfenster, Koffer

Büromöbel & -zubehör

Hutter Büromarkt
Heidenheimer Str. 22
89312 Günzburg
Tel. 0 82 21/2 05-0
Fax 0 82 21/2 05-129
http://www.hutter-bueromarkt.de
Alles, was man für das Büro zu Hause benötigt, über 20 Filialen

Schaefer Shop
Industriestr. 65
57518 Betzdorf
Tel. 0 27 41/28 62 93
Fax 0 27 41/28 65 72
http://www.schaefer-shop.de
Computertische, Rollcontainer, Ordnungshelfer, viele Filialen

Tagliabue
I-22060 Figino Serenza (Como)
via Leopardi, 1
Tel. 00 39/0 31/78 06 04
Fax 00 39/0 31/78 15 87
Design-Rollschränke für Computer

Topdeq
Werner-von Siemens Str. 31
64319 Pfungstadt
Tel. 0 61 57/1 59-0
Fax 0 61 57/15 92 00
http://www.topdeq.de
Büromöbel, Ordnungshelfer

Adressen

Bildnachweis

1 Haus in London, gestaltet von Guy Stansfeld, Tel. 00 44/1 71/7 27 01 33; 2 Dawna und Jerry Walters Haus in London; 3 links Paula Prykes Haus in London; 3 rechts Vanessa und Robert Fairers Studio in London, gestaltet von Woolf Architects, Tel. 00 44/1 71/4 28 95 00; 4 Mitte Miles Johnsons und Frank Ronans Wohnung in London; 4 rechts Vanessa und Robert Fairers Studio in London, gestaltet von Woolf Architects, Tel. 00 44/1 71/4 28 95 00; 5 Rosa Deans und Ed Baden-Powells Appartement in London, gestaltet von Urban Salon, Tel. 00 44/1 71/3 57 88 00; 6 oben Vanessa und Robert Fairers Studio in London, gestaltet von Woolf Architects, Tel. 00 44/1 71/4 28 95 00; 6–7 Rosa Deans und Ed Baden-Powells Appartement in London, gestaltet von Urban Salon, Tel. 00 44/1 71/3 57 88 00; 8–9 Robert Kimseys Appartement in London, gestaltet von Gavin Jackson, Tel. 00 44/70 50 09 75 61; 9 Miles Johnsons und Frank Ronans Wohnung in London; 10 links Paula Prykes Haus in London; 10 oben rechts Paula Prykes Haus in London; 10 Mitte Haus in London, gestaltet von François Gilles und Dominique Lubar, IPL Interiors; 10 unten Miles Johnsons und Frank Ronans Wohnung in London; 11 Mitte links Ian Bartletts und Christine Walshs Haus in London; 11 unten links Paula Prykes Haus in London; 11 rechts Vanessa und Robert Fairers Studio in London, gestaltet von Woolf Architects, Tel. 00 44/1 71/4 28 95 00; 12–13 Architektur und Einrichtung von Spencer Fung Architects, Tel./Fax 00 44/1 81/9 60 98 83; 13 oben links Paula Prykes Haus in London; 13 Mitte links Dawna und Jerry Walters Haus in London; 13 unten links Vanessa und Robert Fairers Studio in London, gestaltet von Woolf Architects, Tel. 00 44/1 71/4 28 95 00; 14 links Haus in London, gestaltet von Guy Stansfeld, Tel. 00 44/1 71/7 27 01 33; 15 oben links, Haus in London, gestaltet von François Gilles und Dominique Lubar, IPL Interiors; 15 rechts Architektur und Einrichtung von Spencer Fung Architects, Tel./Fax 00 44/1 81/9 60 98 83; 16–17 David Jermyns Haus in London, gestaltet von Woolf Architects, Tel. 00 44/1 71/4 28 95 00; 18 Robert Kimseys Appartement in London, gestaltet von Gavin Jackson, Tel. 00 44/70 50 09 75 61; 19 links Robert Kimseys Appartement in London, gestaltet von Gavin Jackson, Tel. 00 44/70 50 09 75 61; 19 rechts Vanessa und Robert Fairers Studio in London, gestaltet von Woolf Architects, Tel. 00 44/1 71/4 28 95 00; 20–23 David Jermyns Haus in London, gestaltet von Woolf Architects, Tel. 00 44/1 71/4 28 95 00; 23 Robert Kimseys Appartement in London, gestaltet von Gavin Jackson, Tel. 00 44/70 50 09 75 61; 24 Rosa Deans und Ed Baden-Powells Appartement in London, gestaltet von Urban Salon, Tel. 00 44/1 71/3 57 88 00; 25 Architektur und Einrichtung von Spencer Fung Architects, Tel./Fax 00 44/1 81/9 60 98 83; 27 links Rosa Deans und Ed Baden-Powells Appartement in London, gestaltet von Urban Salon, Tel. 00 44/1 71/357 88 00; 28–29 Robert Kimseys Appartement in London, gestaltet von Gavin Jackson Tel. 00 44/70 50 09 75 61; 29 oben links Paula Prykes Haus in London; 29 unten links David Jermyns Haus in London, gestaltet von Woolf Architects, Tel. 00 44/1 71/4 28 95 00; 29 rechts Robert Kimseys Appartement in London, gestaltet von Gavin Jackson, Tel. 00 44/70 50 09 75 61; 30–31 Haus in London, gestaltet von Guy Stansfeld, Tel. 00 44/1 71/7 27 01 33; 32–33 Paula Prykes Haus in London; 34 Vanessa und Robert Fairers Studio in London, gestaltet von Woolf Architects, Tel. 00 44/1 71/4 28 95 00; 34–35 Dawna und Jerry Walters Haus in London; 35 links Vanessa und Robert Fairers Studio in London, gestaltet von Woolf Architects, Tel. 00 44/1 71/4 28 95 00; 35 rechts David Jermyns Haus in London, gestaltet von Woolf Architects Tel. 00 44/1 71/4 28 95 00; 36–39 Architektur und Einrichtung von Spencer Fung Architects, Tel. 00 44/1 81/9 60 98 83; 40 links Dawna und Jerry Walters Haus in London; 40 Mitte Rosa Deans und Ed Baden-Powells Appartement in London, gestaltet von Urban Salon, Tel. 00 44/1 71/357 8800; 40–43 Rosa Deans und Ed Baden-Powells Appartement in London, gestaltet von Urban Salon, Tel. 00 44/1 71/3 57 88 00; 44 links Miles Johnsons und Frank Ronans Wohnung in London; 44 oben rechts Vanessa und Robert Fairers Studio in London, gestaltet von Woolf Architects, Tel. 00 44/1 71/4 28 95 00; 44 unten rechts Rosa Deans und Ed Baden-Powells Appartement in London, gestaltet von Urban Salon, Tel. 00 44/1 71/3 57 88 00; 45 Vanessa

Bildnachweis

und Robert Fairers Studio in London, gestaltet von Woolf Architects, Tel. 00 44/1 71/4 28 95 00; 46 Dawna und Jerry Walters Haus in London; 49 unten Dawna und Jerry Walters Haus in London; 52-53 Dawna und Jerry Walters Haus in London; 56 unten rechts Dawna und Jerry Walters Haus in London; 57 oben rechts Ian Bartletts und Christine Walshs Haus in London; 62 oben links Vanessa und Robert Fairers Studio in London gestaltet von Woolf Architects, Tel. 00 44/1 71/4 28 95 00; 62 rechts Robert Kimseys Appartement in London, gestaltet von Gavin Jackson, Tel. 00 44/70 50 09 75 61; 63 oben links Paula Prykes Haus in London; 63 rechts Paula Prykes Haus in London; 66-67 Haus in London, gestaltet von Guy Stansfeld, Tel. 00 44/1 71/7 27 01 33; 68 links Miles Johnsons und Frank Ronans Wohnung in London; 68 oben rechts Paula Prykes Haus in London; 68 unten rechts Miles Johnsons und Frank Ronans Wohnung in London; 69 oben rechts Dawna und Jerry Walters Haus in London; 70-71 Ian Bartletts und Christine Walshs Haus in London; 73 oben links Miles Johnsons und Frank Ronans Wohnung in London; 73 rechts Ian Bartletts und Christine Walshs Haus in London; 75 Haus in London, gestaltet von François Gilles und Dominique Lubar, IPL Interiors; 76 oben rechts Haus in London, gestaltet von François Gilles und Dominique Lubar, IPL Interiors; 77 links Miles Johnsons und Frank Ronans Wohnung in London; 77 David Jermyns Haus in London, gestaltet von Woolf Architects, Tel. 00 44/1 71/4 28 95 00; 78-79 Ian Bartletts und Christine Walshs Haus in London; 81 oben Miles Johnsons und Frank Ronans Wohnung in London; 81 unten links Haus in London, gestaltet von Guy Stansfeld, Tel. 00 44/1 71/7 27 01 33; 84 links Miles Johnsons und Frank Ronans Wohnung in London; 84-85 Miles Johnsons und Frank Ronans Wohnung in London; 88 Haus in London, gestaltet von François Gilles und Dominique Lubar, IPL Interiors; 89 Vanessa und Robert Fairers Studio in London, gestaltet von Woolf Architects, Tel. 00 44/1 71/4 28 95 00; 90 oben links und unten Paula Prykes Haus in London; 90 oben rechts Dawna und Jerry Walters Haus in London; 91 links Paula Prykes Haus in London; 91 oben rechts Haus in London, gestaltet von François Gilles und Dominique Lubar, IPL Interiors; 91 unten rechts Haus in London, gestaltet von François Gilles und Dominique Lubar, IPL Interiors; 92-93 Haus in London, gestaltet von François Gilles und Dominique Lubar, IPL Interiors; 94-95 Vanessa und Robert Fairers Studio in London, gestaltet von Woolf Architects, Tel. 00 44/1 71/4 28 95 00; 96-97 Haus in London, gestaltet von François Gilles und Dominique Lubar, IPL Interiors; 98 links Paula Prykes Haus in London; 98 rechts Haus in London, gestaltet von François Gilles und Dominique Lubar, IPL Interiors; 99 oben links Haus in London, gestaltet von François Gilles und Dominique Lubar, IPL Interiors; 99 oben Mitte, oben rechts und unten Paula Prykes Haus in London; 100 Ian Bartletts und Christine Walshs Haus in London; 101 Haus in London, gestaltet von Guy Stansfeld, Tel. 00 44/1 71/7 27 01 33; 102 oben Dawna und Jerry Walters Haus in London; 102-103 Architektur und Einrichtung von Spencer Fung Architects Tel./Fax 00 44/1 81/9 60 98 83; 103 links Dawna und Jerry Walters Haus in London; 103 rechts Miles Johnsons und Frank Ronans Wohnung in London; 104-105 Architektur und Einrichtung von Spencer Fung Architects, Tel./Fax 00 44/1 81/9 60 98 83; 106 Haus in London gestaltet von Guy Stansfeld, Tel. 00 44/1 71/7 27 01 33; 109 Robert Kimseys Appartement in London, gestaltet von Gavin Jackson, Tel. 00 44/70 50 09 75 61; 110 oben rechts Paula Prykes Haus in London; 110 unten Vanessa und Robert Fairers Studio in London, gestaltet von Woolf Architects, Tel. 00 44/1 71/4 28 95 00; 111 Haus in London, gestaltet von François Gilles und Dominique Lubar, IPL Interiors; 112-113 Dawna und Jerry Walters Haus in London; 116-117 Paula Prykes Haus in London; 118 links und oben rechts Paula Prykes Haus in London; 118 unten rechts Miles Johnsons und Frank Ronans Wohnung in London; 119 oben links Paula Prykes Haus in London; 119 unten Miles Johnsons und Frank Ronans Wohnung in London; 120-121 Haus in London, gestaltet von Guy Stansfeld, Tel. 00 44/1 71/7 27 01 33; 122-123 Vanessa und Robert Fairers Studio in London, gestaltet von Woolf Architects, Tel. 00 44/1 71/4 28 95 00; 128 Dawna und Jerry Walters Haus in London.

Die Herausgeber bedanken sich bei folgenden Firmen für die Bereitstellung von Requisiten:
Grand Illusions, The Holding Company, McCord Storage, Paperchase

Danksagung der Autorinnen

Wir bedanken uns bei Andrew Wood und Melanie Molesworth für ihr großes Engagement und die gute Zusammenarbeit. Unser Dank gilt auch Nadine Bazar und Karina Garrick sowie dem Team bei Ryland Peters and Small: Jaqui Small, Anne Ryland, Kate Brunt, Zia Mattocks und Ashley Western.

Außerdem danken wir unseren Fotomodellen Kate Brunt, Becky Davies, Elisabeth of Mar, Zia Mattocks, Melanie Molesworth, Ashley Western und Andrew Wood sowie Melanie Molesworths Assistentin Serena Hanbury.

Unser Dank gilt nicht zuletzt all jenen, in deren Häusern und Wohnungen wir Aufnahmen machen durften.